経済学史春秋

小林昇

未來社

経済学史春秋★目次

論説

回想と立言

装幀——伊勢功治

論説

アダム・スミスの「見えない手」について

I

アダム・スミスがまれに用いた「見えない手」ということばは、経済的調和の普遍的存在の認識、ひいては経済的自由主義の根拠の比喩的表現としてしばしば再生され、やがてそれが経済法則体系の存在の理由として観念されていることは、周知のところである。『新パルグレイヴ経済学辞典』にはもとより「見えない手」(invisible hand) の項目があるが[1]、別にこの辞典からこの項目にかかわると考えられた諸項目を抜萃してまとめた本に *The Invisible Hand* というものがあり[2]、そこでの諸項目は、Adam Smith, Anarchism, C. F. Bastiat, J. Bentham, Collective Action, Common Law, Constitutional Economics, Economic Freedom, Eco. Harmony, Eco. Laws, Equilibrium, ...F. A. von Hayek, Th. Hobbes, D. Hume, Fr. Hutcheson, Individualism, ...Law and Economics, Liberalism, ...Moral Philosophy, Natural Law, ...Scottish Enlightenment, Self-Interest, Social Cost, Utilitarianism, Utopias 等々である。スミスの後人から見て当の「見えない手」のかかわるとされている観念と思想との範囲が、右によっておおよそ察せられるであろう[3]。

経済学史的に見れば、「見えない手」というスミスの自然神学的表現は、彼の同時代人であるジェイムズ・ステュアートの「きわめて柔かい手」(the gentlest hand)という表現に対立するものである。この後者は、近代の交換＝貨幣経済が極度に複雑かつ繊細であること、またそこには有効需要の不足の可能性がたえず存在することの認識を前提として、こういう経済過程への為政者(statesman)の介入の必要性と、そのばあいの慎重な態度・方法への要請とを表現したものであって[4]、この両者の「手」には、超越者の――したがって観念的な――「手」か為政者の――したがって現実的な――「手」かという、根本的な相違がある。スミスはそのいわゆる重商主義批判にあたって、すくなくとも正面切っては、あらゆる現実的な「手」の介入を拒否したのであった。

そうして、この「見えない手」という表現自体は、すでにこれとあい通じる観念がペティ、ロック、マンドヴィル等々の諸先人に見いだされるとしても、スミス自身の創始によるものといってよいであろう。――たとえはやく一七〇三年に時化《しけ》からかろうじて逃れた軍艦プリンス・ジョージの艦長マーティンがその航海日誌に「神の見えない手がわれわれを救い給うた」と書いたという事実があったとしても[5]、それは思想史上の記録ではない。

わたくしは以下に、もっぱらスミスの行文に即して、彼のいう「見えない手」について考究をこころみることとする[6]。このばあい当然、彼の『道徳感情論』と『国富論』とにおける立言が対象となるが、いまではほぼ周知のように、スミスにはこのほか、『哲学論文集』に収められた早期の述作「天文学史」のなかに、「ユピテルの見えない手」(the invisible hand of Jupiter)という表現がある。これは、古代世界の最高神を名ざしている点に看過できぬ特徴をもつが、他面、そこでスミスのいっているのは、古い時代の多神教では不規則な自然現象(雷、稲妻、嵐、等)の生起と消滅とが神々のかくれたはたらきによるのであって、その反対に、「それ自身の本性の必然性によって、火は燃え、水は元気を回復させ、重い物は落下し、軽い実体は上方へ飛ぶ。そういう事柄にユピテルの見えない手が作用しているとは、けっして理解されなかった。[7]」つまりここではまだ、神の「見えない手」のつかさどるのは物理的自然法則、つまり宇宙の調和だとされてはいなかったと立言されているのである。しかしこの古代人の認識と逆のことをスミスが物理学→天文学にかんして述べようとしているのは、むろん周知のところである。そうしてスミスは広い理神論の観念世界のなかで、「見えない手」を社会現象の面にもやがてはたらかせようとするのである。

2

以下にはかなり長文の引用を許していただきたい。むろんそれには、しだいに理解されるような理由がある。

まず『道徳感情論』から。

「われわれの想像力は、苦痛と悲哀とのなかにあっては、われわれ自身の身に限定され閉じこめられるように思われるが、安楽と繁栄とのときにおいては、われわれをとりまくすべてのものに拡がるのである。そのときわれわれは、上流の人々の邸宅と家計とのなかを支配している快適性の美しさに魅惑されるのであり、そうして、いかにすべてのものが、彼らの安楽の促進に、彼らの欠乏の阻止に、彼らの欲望の充足に、彼らのもっともつまらぬ欲求を楽しませ慰めるのに、適合させられているかということに感歎する。もしわれわれが、これらすべてのものの提供できる真の満足を、それ自体で、それを促進するために適合させられた配置の美しさとは別に、考察するならば、それはつねに、最高度に蔑視すべきつまらぬものと見えるであろう。だがわれわれは、めったにそれを、こういう抽象的で哲学的な見方では見ることがない。われわれは自然にそれを、想像のなかで、それを生みだす手段である組織《システム》、機構《マシン》、管理《エコノミー》の、秩序なり規則的・調和的運動なりと混同する。この混乱した見方で考察されたばあいには、富と地位との快楽は、なにか偉大で美しく高貴なものとして、またそれの達成は、われわれがそれにあのようにしばしば投ずる、苦労と懸念とのすべてに十分値するものとして、想像力に強い印象をあたえるのである。

そうして、自然がこのようにしてわれわれを瞞す (to impose) のはよいことである。人類の勤労《インダストリ》をかきたて、継続的に運動させておくのは、この欺瞞 (deception) である。最初に彼らを促して土地を耕作させ、家屋を建築させ、都市と公共社会とを建設させ、人間生活を高貴で美しくするすべての科学と技術とを発明し改良させたのはこれであって、地表の全面をまったく変化させ、自然のままの荒れた森を快適で肥沃な平原に転化させ……たのは、これなのである。人類のこういう労働によって、土地は強いられてその自然の肥沃度を倍化させ、まえよりも多い住民を維持することとなった。高慢で感性のにぶい地主《ランドロード》が、彼の広い畑を眺め、彼の兄弟たちの欠乏についてはすこしも考えないで、想像のなかで、自分がそこに成育した全収穫を消費するということは、なんの役にも立たぬことである。……彼の胃の能力は、……もっとも貧しい農民の胃よりも多くを受け入れはしないであろう。残りを彼は、彼自身が使うそのわずかなものをもっともみごとに調達する人々のあいだに、このわずかなものがそのなかで消費される邸宅を整備する人々のあいだに、上流の人々の家計のなかで使われるつまらぬ飾りや玩弄物のすべての種類を供給し備えつけておく人々のあいだに、分配せざるをえない。

……土壌の生産物は、あらゆる時代に、それが維持できる住民の数に近いものを維持する。富裕な人々はただ、その集積のなかから、もっとも貴重で快適なものを選ぶだけである。彼らが消費するものは、貧乏な人々のそれよりもめったに多くはないし、こうして、彼らはその生来の利己性と貪欲とにもかかわらず、そのすべての改良の成果を貧乏な人々と分割するのであって、たとえ彼らが自分たちだけの便宜を目ざそうとも、また、かれらの使用《エンプロイ》する数千人のすべての労働の意図する唯一の目的が、彼ら自身の空虚で飽くことを知らない諸欲求の充足であるとしても、そうなのである。彼らは、見えない手（**an invisible hand**）に導かれて、大地がそのすべての住民のあいだで平等な部分に分割されていたばあいになされたであろうところとほぼ同一の、生活必需品の分配をおこなうのであり、こうして、意図することなく知ることなしに、社会の利益を増進し、種の増殖のための手段を提供するのである。神慮《プロヴィデンス》が大地を少数の領主的所有者《ロードリ・マスターズ》に分割したとき、この分配において除外されていたように見える人々は、忘れられたのでもなく見捨てられたのでもない。この後者たちもまた、大地が生産するすべてに対する彼らの分け前を享受するのである。人間生活の真の幸福をなすものにおいては、彼らはいかなる点でも、彼らよりもあのようにずっと上だと思われる人々に劣ることはない。肉体の安楽と精神の平和とにおいて、生活上のさまざまな身分はすべてほぼおなじ水準にあり、公道のかたわらで日向ぼっこをしている乞食は、国王たちが求めて戦っている安全を所有しているのである。[8]」

この引用文に即してわたくしの留目したいと思うのはつぎの三点である。すなわち――

第一。「見えない手」の思想はスミス自身におけるストア哲学＝ストア主義（Stoicism）のはっきりした文脈のなかで述べられている。

第二。「見えない手」が大衆ないし俗人をあやつってその「手」の主体の究極の意図――神慮――を実現させるという、いわゆる「欺瞞の理論」(theory of deception)も、ここではおなじ文脈のなかにある。

第三。ここでの「見えない手」は、まだ、大衆的な貨幣＝商品＝交換経済にかかわるものとしては十分に把握されていない。別のいい方をすれば、「見えない手」は近代経済社会を越えて歴史貫通的にはたらくのであり、もっぱら近代社会でその複雑な経済法則を見いだすためにのみ「哲学者」[9]に透視することを許すものではない。

3

右の第一点について。

人も知るように、『道徳感情論』[10]は倫理の世界をその形成過程に即して「事実の問題」(matter of fact)として描いた著作であって、人間の感情ないし心理から離れて当為の問題を抽象的に論じた作品ではない。われわれはここに、イギリス経験論の成熟を見るであろう。しかし、このモーラル分析の書に著者スミス個人のなまの倫理的信条が表現されていないかというと、それは経験科学の問題の外で率直かつ明白におこなわれているのであって、われわれは彼のそういう信条告白にいたるところで出会うであろう。しかもスミスのばあい特徴的なことだが、彼は、大衆相互の同感《シンパシー》が形成し、正義の許容する枠内で解放される利己心が角逐する世界、すなわち近代交換経済における個人的欲求の追求から、自己の倫理的信条を超越させ[11]、古典的な足るを知る人としての立場をここでは守り通しているのである。スミスによれば、人間はその生得の能力の点では、「哲学者」も荷運び人足も違ってはいないけれども、[12]他方、前者は、（主として学問によって養われる）倫理的信条の点では後者と世界を別にすると信じられていた。そうしてスミスのばあい、彼を培ったこの信条は、まぎれもなく古代ストアの哲学――その形而上学・倫理学、ときとして宗教感――だったのである。

この事実そのものは明白であって、さきの長い引用が「見えない手」の語を導出するにあたって費した、この語の前後の叙述がそれを十分に物語っている。すなわち、富と地位とがそれを「抽象的で哲学的な見方では見ない」人々にあたえる快楽が錯迷であること、諸身分の区別は「肉体の安楽と精神の平和」との点においては、王と乞食とのあいだにも存在しない――むしろ乞食の方がすぐれている[13]――こと、の指摘がそれである。しかもスミスのストア的信条は、おなじようにはっきり、別につぎのような語句のなかにも見られるであろう。自由に引用すれば、

「健康で、負債がなく、良心にやましさのない人の幸福にたいして、なにをつけ加えることができようか。[14]」――広範に事業活動（enterprise）[15]を生んでいる近代経済社会では、負債のない経済人はむしろ通常ではないのに、なおこの語がある。「ストア哲学によれば、〔スミスは以下でストアに同感的に語っているのだが――小林〕賢人（wise man）にとっては、さまざまな生活状態はすべて等しいものであった。……自分のすべての情念の主人である人間は、宇宙の総監督（superintendant of the universe）が彼をそのなかにおくことを適切だと考えるであろうようなものであるかぎり、どんな事情におかれようとそれを恐れない。その神聖な存在（that devine being）の恵みが、彼をどんな境遇にも優越させる諸徳性を、彼にあたえておいたのである。もしそれが快楽であれば、彼はそれをひかえる節制をもち、もしそれが苦痛であれば、彼はそれに耐える恒常性をもち、もしそれが危険または死であれば、彼は

それを軽蔑する度量と剛毅さとをもつ。[16]」「ストア派によれば、人は彼自身を、分離され切断されたあるものとしてではなく、世界の一市民（citizen of the world）として、自然の広大な公共社会の一員として、見るべきなのである。この大きな共同社会の利害のためには、彼はいかなるばあいでも、彼自身の小さな利益が犠牲にされていいという気持でなければならない。彼自身にかかわる事柄はすべて、この巨大な体系のひとしく重要な部分である他の誰かにかかわるすべての事柄にまさって、彼に作用してはならない。われわれは自分自身を、われわれ自身の利己的な諸情念がそこにわれわれをおきがちな、そういう見方ではなく、他の誰であれ世界の市民がわれわれを見るであろうような見方で、見なければならない。[17]」――ジェイムズ・ステュアートがその経済学体系の方法的序文で一七六七年に用いるに至る「世界市民」の語が、[18]『道徳感情論』の一七六一年の第二版にストアの思想としてすでに現われている事実に、わたくしは関心をひかれる。「すべての人が、彼らの永久の境遇となるものにたいして、早かれ遅かれ自己を適応させることの、けっしてまちがいのない確実さは、おそらく、われわれを導いて、つぎのように考えさせるであろう。すなわち、ストア主義者たちは、すくなくともこのかぎりでは、きわめて正当に近かったということ、ひとつの永久的境遇と、他のそれとのあいだには、真の幸福にかんしては本質的なちがいがなかったということ、……である。……バスティーユの監禁と孤独とのなかで、一定の時間ののちに、社交的で軽薄なローザン伯爵は、蜘蛛の飼育を楽しむことができるほどの平静さをとりもどした。[19]」他の多くの例のなかからさらにひとつ、これは後論のために。「一シリングをもうけるか節約するかのために、懸命であったり画策したりするならば、もっとも俗物的な小商人（vulgar-tradesman）でさえも、かれのすべての隣人の意見のなかで評価をおとすであろう。[20]」――彼が守銭奴でなくて厳格な倹約精励の人であれば事情は別とされるが、「小商人」一般への蔑視は、スミスの文脈からはやはり残されるであろう。

スミスの倫理感のなかにあるストア主義の根を見ることは、したがってむしろ一般の見解である。もともと、一八世紀スコットランドの大学生として、スミスは早くから古典古代の諸文献に親しんだ（ラテン語以外にギリシャ語も彼は読んだ）。[21] だからストア主義は、それが後世、とくに近代において屈折したのちにスミスのなかに滲透しただけのものではない。むろん、マクフィーの指摘するように、スミスの先達だったハチスンやヒュームは、ストア主義のローマでの展開であるキケロ、マルクス・アウレリウス、セネカ、エピクテートスらを「模範《メンター》」としたが、[22] スミスも一七世紀来のスコットランドのプレスビテリアン文化のなかで、ハチスンらを継ぎながら、むしろ彼らとおなじように、ローマのストアに直接に学んだのである。しかもスミスにおいては、ストア主義はすすんで、自然のいわば主体的調和にたいする彼の信念にも、強い影響をあたえた。「『道徳感情論』に見られるような自然の学説は……ほぼ、自然についてのふるいストア的な学説をいいなおしたようなもので、それ自体、ストア主義がスミスの思考にひろく及ぼしたきわめて大きな影響のなかのわずかな部分を、彼自身の時代の有神論を満足させる言葉の形式に入れて述べたものと見てよいだろう。[23]」――ここですでに、問題は第二の論点である「欺瞞の理論」の領域にかかわってくる。だがここでわたくしはあらかじめ、ラファエルのつぎの二つの文章を引いておこう。

「スミスの倫理学説は、彼の若い時代に、とりわけエピクテートスを読んだことによって、彼に強烈な印象をあたえたストア学派の倫理学の最前線に位置していた。……スミスはストア派の学説のもつ諸特徴のうちには受容しがたいものがあると考えるようになったけれども（後説――小林）、ストア派の倫理学に魅了されていたことは『道徳感情論』から読みとることができる。[24]」「ストア派の考えは自然にしたがって生きよという掟を守るものであったし、自然法の伝統の源泉の一つであった。スミスは一七世紀の法学者や哲学者たち、とりわけグロチウス、プーフェンドルフ、およびロックの著作におけるそういう伝統に明るかった。彼は規範的ないし指令的自然法を科学的な自然の法則から生ずるものと解釈することによって、自然法にたいして彼独自のすぐれた貢献をしたのであった。(25)」

4

第二点、すなわちいわゆる「欺瞞の理論」について。

すでに知ったように、スミスにとっては、自然が人類社会の発展と幸福とのために「われわれを欺すのはよいこと」であり、この自然のはたらきが「見えない手」の作用だと比喩されるかぎり、その思想は大衆の知らぬ「抽象的で哲学的な見方」として、ストア的倫理感のなかで――いわばそれに前後を挟まれて――述べられたのであった。

ストア派にしたがうスミスの観点にあっては、この世界の究極的調和の存在にかんしてマルクス・アウレリウスのいうところが『道徳感情論』において留目される。「われわれがしばしば、医者があれこれの人に、馬に乗れとか、冷水浴をせよとか、はだしで歩けとか命じたというように、宇宙の偉大な指揮者であり医者である自然が、あれこれの人に、病気とか手足の切断とか子供の喪失とかを命じたのだと、われわれはいうべきである。通常の医者たちの処方によって、患者は多くのにがい薬を飲み、多くの苦痛に満ちた手術を受ける。けれども彼は、結果として健康になるかもしれないという非常に不確実な希望から、よろこんですべてを受け入れるのである。同様にして、自然という偉大な医者のもっとも苛酷な処方でさえも、患者はそれが彼自身の健康に、彼自身の究極的な繁栄と幸福に、役立つであろうと願いうるし、しかも彼は、それらが宇宙の健康、繁栄、幸福に、ユピテルの偉大な計画の促進と前進に、役立つだけではなく必要不可欠であることを、完全に確信しうる。もしそれらがそうでなかったならば、宇宙はけっしてそれらを生み出しはしなかったであろう。宇宙の全知の建築者にして指揮者は、それらがおこるのをけっして我慢しなかったであろう。宇宙に共存する諸部分のすべては、その最小のものでさえも、正確に相互に適合させられているし、すべてがひとつの巨大な、結合した体系を構成するのに貢献しているのであるから、同様にしてつぎからつぎへと継続するできごとのすべては、そのうちの明らかにもっともつまらぬものでさえも、諸原因と諸結果との偉大な連鎖の諸部分、しかも必然的な諸部分をなすものである。[26]」そうしてこの認識からは、行為にあたってのつぎのようなマクシムが生まれる、「もしわたくしが航海にでることになれば、わたくしは最良の船と最良の水先案内を選び、そうして……最良の天候をまつ。……［しかし］われわれが溺れることになるのか、ある港に着くことになるのかは、ユピテルの仕事であってわたくしの仕事ではない[27]。」――スミスによれば、「このようなのがストア派の哲学であった[28]。」

　しかしこういう超越者の認識、究極の調和の認識は、哲学的ないし神学的認識であって、それはその認識者に苦痛や不運や災厄への諦観をもたらすではあろうが、そこからただちに「欺瞞の理論」が生まれるわけのものではない。しかしこの特異な理論も、スミスにとっては、まず、ストア主義が用意したものであった。『道徳感情論』はいう、「古代のストア主義者たちはつぎのような意見をもっていた。すなわち世界は、賢明、強力、善良な神の、すべてを支配する摂理によって統治されているのだから、どんな個々のできごとも、宇宙の計画の必然的な一部分をなすもの、全体の一般的な秩序と幸福とを促進するはずのものと、みなされるべきだということ、そうして人類の悪徳と愚行とは、したがって彼らの知恵あるいは彼らの徳と同様に、この計画の必然的な一部分をなすものであり、それらは、悪いものからよいものを引きだす永遠のわざによって、自然の偉大な体系の繁栄と完成とに等しく貢献させられているのだということである。[29]」——もっともスミスは右にいう悪徳のいわば効果についての判断にたいしては否定的であり、したがって彼における「欺瞞の理論」は、すでに知ったように、大衆の無自覚的な勤労意欲と、大土地所有者の、自己の消費能力にかんする愚昧な判断とに的をしぼられてくるのではあるが。

スコットランド啓蒙のなかでの、スミスに先立つ「欺瞞の理論」は、ハチスンとヘンリ・ヒューム(ケイムズ卿)のそれとに適切な表現を見いだすようである。田中正司の研究が示すところによれば、ハチスンにはすでに、われわれの社会では個別の行為者は全体の善に役立つように、その怒りや苦痛や悔恨への対応を迫られることをつうじて、自然の「計略」(contrivance)による「見えない結びつき」(an invisible union)をつくり、こうして一個の偉大な体系をなしている、という思想が表明されていた。[30] またそれがケイムズ卿に至ると、人間はもともと超越者の支配下にあって、この第一動因によってすべてを左右されているのだが、それを知らないために「欺瞞的な自由の感情」(deceitful feeling of liberty)を抱き、しかもそこから、良心の支配と徳の王位とがおのずから形成されるように導かれる、と判断した。[31] こうして田中によれば、これらの「欺瞞」の理論にはカルヴァン主義の影が濃く落ちている。すなわち、「ケイムズは、キリスト教的ストア主義の論理によって硬直的カルヴァン主義の非人間性を克服しようとしたハチスンの情念道徳論」の欠陥に対して、「カルヴァン主義のドグマを逆用した論理を展開」してこれを克服しようとしたのであった。ことにケイムズ卿は、人間の勤労《インダストリ》が「欺瞞」に誘われた自由の感覚なしにはその生起が不可能だと論じているのである。[32]

ケイムズ卿による、欺瞞→勤労というこの立論は、ただちにここでの引用文におけるスミスの「欺瞞」論にわれわれを想到させるであろう。しかしここでは、わたくしのつまびらかにしえていない、スコットランド啓蒙の複雑な展開のなかでのピューリタニズムの問題は別として、また『道徳感情論』の核心にある同感の理論とピューリタニズムとのかかわりについての積極的主張[33]への判断には猶予を求めるとして、当面のスミスの「欺瞞の理論」にピューリタニズムの影は認められないとするのが妥当であろう。これは、スミスがハチスンやケイムズの「欺瞞の理論」を知らなかったことを意味するものではない。ただ、それを知っていたはずのスミスが、ここではより端的にストア主義に拠っていたということだけを意味している。

しかも、この局部でのスミスの『道徳感情論』のストア主義は、すでにわたくしの引例が示したように、このモーラル分析の書のなかにもっと広く根を張っている。もとより、マクフィーが指摘というよりも報告しているように、「まったく驚くべきことだが」、自然や神や「見えない手」の――つまりなんらかの自然的調和の理論の――でてくる文章に注目しつつ『道徳感情論』を読んでみると、「それらと主要な同感＝観察者の議論とはほとんど関係がない」のであった。[34]しかしそれにもかかわらず――そうしてそのかぎりかえって正当とはいえないが――、ラファエルとマクフィーとによるグラスゴウ版『道徳感情論』の編序は、「ストアの哲学はスミスの倫理思想に根本的《プライマリ》影響をあたえている。それはまた彼の経済理論に基本的《ファンダメンタリ》影響を及ぼしている。……ストア主義はスミスのこころを占めることをけっしてやめなかった[35]」と断じたのであった。

第三点、すなわち肝心の「見えない手」の説明自体について。

これは大きい論理的欠陥を示す文章である。すなわち、「そうして、自然がこのようにしてわれわれを瞞《インボウズ》すのはよいことである。人類の勤労《インダストリ》をかきたて、継続的に運動させておくのは、この欺瞞《デイセプション》である」以下の長いパラグラフは、近代的勤労を重んじたヒュームを継ぎ、おなじくステュアートと並ぶ認識とともに始まるのだが、それがしだいに、「領主的所有者」を中央におく農民的社会の図像の描写に移ってゆき、そこでストア的思想と「見えない手」の観念とが結合することとなるのである。ここでスミスは、いったいどういう理由で、「神慮」による土地生産物の実質的な平等的分配という事実を説き、「富裕な人々」の欲望の空虚を説きえたのであろうか。

まず、大地主はその胃の腑の大きさの点では農民一般とことならないから、彼は剰余の農産物をその生産者である各々の農民に返さなければならない、という着想をスミスがここで示そうとしたのなら、それは、勤労の行きわたった社会という他方の彼の観念と両立しないものである。それはただ、広範な大衆的な交換＝商品生産以前の、生産力のきわめて低い社会を想定しているにすぎない。したがってそこではもともと、剰余そのものを返すか返さないかにかかわらず、農民はストアの観念の恩寵を受けるには——近代社会におけるばあいとはちがって——貧しすぎるというべきであろう。しかも『国富論』の歴史的叙述によれば、周知のように、領主の収取する現物地代は彼に多くの家臣を養わせ、彼の勢力を保持させたのであった。

また、これとはことなって勤労の行きわたった社会を想定するなら、そこでの農民はまず、自己の剰余生産物をもち、そのための市場をもち、そこからの収入を地代に当てるであろう。だから、「領主的所有者」もなにがしか近代的な大地主《ランドロード》に変身しているはずであり、こうして彼の地代収入の大きい部分を大衆による工業生産物一般の購入に当てるであろう。だからこの社会では、勤労農民と勤労職人とはあいともに昔日よりも多くの剰余を怠惰な地主にあたえ、富者と大衆との平等はここでは実質的には——というのはここでは富はすでに胃の腑の満足の問題だけではないはずであるから——どうしても崩されるであろう。

そのうえ、旧い時代の大領主はその広大な所有地を眺めて満足しているだけではない。彼はその領民の剰余の時間の支配者でもあった。だから彼は、領民にその農産物を返しただけではない。領民をさらに彼のために労働させ、家屋敷や林園をつくらせることもできたのである。領主のシャトオはそういう領民の負担の結晶である。スミスの「見えない手」はこういう不合理な不平等をどう見るのか。[36]

『道徳感情論』初版刊行時、すなわち一七五九年のスミスは、『政治論集』(*Political Discourses*, 1752)のヒュームのあとで、近代社会の歴史的・経済的特質とそこでの大衆的勤労の意義とについては熟知していた。いな、そういう知的地盤の上にこそ『道徳感情論』は成立したのである。だが、そこにはまだ、封建社会のなかから近代的大衆勤労社会＝商品生産社会がどう形成されてくるかという、具体的・歴史的認識はなかった。『政治論集』自体が、農工分離の過程を抽象的に描きながらも、まだ右の認識を教えるには至っていなかった。ジェイムズ・ステュアートの『経済の原理』(全五編、一七六七年)の前半の三編はすでにその清書稿が五九年に成立していて、その第二編までで右の具体的・歴史的認識が的確に描かれていたけれども、[37]ここでのスミスはこの時点までのステュアートについてはまったく知るところがなかった。「見えない手」の特異な歴史的→近代経済社会形成史的意義にかんするスミスの独自の論述は、やがて彼の法学についての講義を経て、『国富論』に至って詳細に示されることとなるものである（後述）。そうしてこの最後の段階では、われわれはあるいは、すでに公刊された『経済の原理』の影響をみとめることができるであろう。

したがって、『道徳感情論』における「見えない手」についての論述に経済学的・経済史的認識が欠け、そこに大きい混乱が示されているという事実は、スミスにとってはやむをえぬところだったであろう。しかし、スミスがそのモーラル分析の書でこの「見えない手」にかんするパラグラフの叙述を没年（一七九〇年）の大きい改訂第六版のなかにまで温存させていたことを、われわれはどう理解すべきであろうか。もともと「見えない手」という観念は、スミス自身にとってそれほど重要なものではなかったのであろうか。それとものちの『国富論』のスミスにとっては、「見えない手」ということばがふたたび一度だけそこに現われたとき、文脈のなかでのそのことばは、彼に自身の『道徳感情論』のなかでのおなじことばを強くは意識させなかったのであろうか。

6

『国富論』での「見えない手」は、つぎの文脈のなかに現れる。

「個人は誰でも、自分の自由にできる資本《キャピタル》があれば、その多少を問わず、それをもっとも有利に使おうといつも努力する。彼の眼中にあるのはもちろん自分自身の利益であって、その社会の利益ではない。けれども、彼自身の利益を追求してゆくと、彼はおのずから、というよりもむしろ必然的に、その社会にとってもっとも有利な資本の使い方を選ぶ結果となるものなのである。

第一に、誰でも自分の資本をできるだけ手近な場所で、したがってできるだけ自国内の勤労《インダストリ》の維持に、使おうとするものである。ただしこのばあい、それによって資本の普通の利潤ないしそれに近い利潤の得られることが条件である。……

第二に、国内の勤労の維持に自分の資本を用いる人はみな、その生産物ができるだけ大きい価値をもつような方向を選ぼうと、おのずから努力する。……

ところが、あらゆる社会の年々の収入は、その社会の勤労の年々の全生産物の交換価値とつねに正確に等しい、いなむしろこの交換価値とまさに同一物なのである。だからすべての個人は、彼の資本を自国内の勤労の維持に用い、またその勤労を、生産物が最大の価値をもつような方向にもってゆこうとできるだけ努力するから、誰もが必然的に、社会の年々の収入をできるだけ大きくしようと骨を折ることになる。もちろん彼は、ふつう、社会公共の利益を増進しようなどと意図をしているわけでもないし、また、自分が社会の利益をどれだけ増進しているのかを知っているわけでもない。外国の産業《インダストリ》よりも自国の産業を維持するのは、ただ自分自身の安全を思ってのことである。また、生産物が最大の価値をもつように産業を運営するのは、自分自身の利得のためなのである。だがこうすることによって、彼は、他の多くのばあいとおなじく、このばあいにも、見えない手（an invisible hand）に導かれて、自分では意図してもいなかった目的を促進することになる。彼がこの目的をまったく意図していなかったということは、その社会にとっては、彼がそれを意図していたばあいに比べて、かならずしも悪いことではない。社会の利益を増進しようと思い込んでいるばあいよりも、自分自身の利益を追求するほうが、はるかに有効に社会の利益を増進することがしばしばある。社会のためにやるのだと称して商売をしている連中が社会の福祉を真に増進したというような話は、いまだかつて聞いたことがない。(38)」

この記述は、おなじ「見えない手」の語をふくむ『道徳感情論』のそれよりも、簡潔で明晰である。ここには資本投下における利己心の自由な発動が、大衆的勤労の動員をつうじて、社会の利益を最大に増進するという主張を見るだけであり、しかもその主張は、確信的に、いわゆる重商主義に対して戦闘的に、述べられているのである。この文章には「欺瞞の理論」の裏打ちがあるけれども、そこにカルヴァン主義にたいする（批判的）関心は見られないし、「私悪は公益」とするマンドヴィルの倫理的パラドックスの意図はすでに遠ざけられているし、なによりも、ストア主義にもとづく倫理感の表白はまったく消失している。しかもここには、神慮《プロヴィデンス》ないしこれと同義の、超越者を示すことば――それは『道徳感情論』にはじつにたくさんある(39)――は、いっさい見られない。こうしてここでの「見えない手」ということばは、理神論の展開の極限に発せられたものと理解されるのが自然であろう。「スミスの〈見えない手〉には、宗教的な意味はまったくない」という水田洋の断言(40)も、おそらく右の事情にもとづくものであろう。

だが、『国富論』での右のような「見えない手」の発言についても、これを経済法則の存在および支配という論点にかんして検討すれば、大きい問題の残されていることがわかってくる。まず、おなじ『国富論』のつぎの叙述を見よう。

「資本の使い道を探し求めるにあたって、利潤が同等ないしほぼ同等ならば、製造業よりも当然に農業が選ばれるのとまったくおなじ理由で、外国貿易よりは製造業が自然に選ばれる。地主や農業者の資本が製造業者の資本よりも安全なように、製造業者の資本は、つねに貿易商人の資本に比べて十分に彼自身の監督支配を受けているから、外国貿易商の資本よりもいっそう安全である。……それゆえ、事物自然のなりゆき（natural course of things）として、およそ発展しつつあるすべての社会の資本の大部分は、まず第一に農業に、ついで製造業に、そうしていちばん最後に外国貿易に投下される。事物のこの順序《オーダー》はまったく自然《ナチュラル》なものであるから、いやしくも領土をもつすべての社会においては、程度の差こそあれつねに見受けられてきたことだと信ぜられる。……もっとも、この事物自然の順序は、領土を有する社会でならば、どこでもある程度は起こったにちがいないのだが、ヨーロッパのすべての近代国家においては、……多くの点でまったく逆転されてきている。都市のあるものでは、その外国貿易が、高級品の製造業つまり遠隔地向けの販売に適した製造業を導入し、ついで製造業と外国貿易とがあいたずさえて、農業に主要な改良を生ぜしめたのである。(41)」

ここにすでに問題点が二つ現れている。その第一は、資本投下の「事物自然の順序」は、『国富論』ではその理由が後述のように補説されるのではあるが、「見えない手」のここでのはたらきとしてはなっとくのいく法則であろうかということである。右の二つの引用のかぎりでも、資本主義的企業家にとって、資本の安全性は第一の基準であろうか。またそもそも資本の安全性とは、投資の部面にかかわるものではなく、投資→利潤の予測にかかわるものではないのか。

その第二は、「ヨーロッパのすべての近代国家」が形成するような大社会において、投資の自然の順序の「逆転」という現象が、「見えない手」のはたらきを抑えて長期にわたって継続したという史実は、いったいどう理解すべきかということである。しかもやがて知るように、この第二の点について、『国富論』のスミスは独自の関心をもっていたのであった。

7

資本投下の「事物自然の順序」の存在と発現との根拠は、『国富論』によれば、右に知った投資の安全性という基準にだけあるのではなかった。より正確にいえば、スミスにおける「自然的自由の体系」(system of natural liberty)[42]のもとにあっては、資本はおのずから、農業→製造業→商業（卸売業→小売業）の順序で投下され、さらにこの卸売業の内部では、国内商業→直接的外国貿易→仲介貿易《キャリング・トレード》の順序で投下されるはずであって、この自然的順序の実現こそ最大規模の資本蓄積を可能にするものであった。その理由は、「すべての資本はもっぱら生産的労働の維持にあてられるのではあるが、等量の資本の活動させうる労働の量は、資本の用途がさまざまであるのに応じていちじるしくことなる。それと同様に、資本の用途のちがいに応じて、この用途がその国の土地および労働の年々の生産物に付加する価値もいちじるしくことなる[43]」のであるが、右に示した自然的順序こそ、資本が用途別にそれぞれ「付加する価値」の大きさの順序であり、したがってもっとも効果的な資本の配分＝最大の投資効率の実現を意味するものだからである。なぜなら、ここでのスミスの理論では、この順序は資本にとっての安全性の順序であったばかりでなく、ついで第二には資本の雇用する生産的労働者（農業部面では役畜をもふくむ！）の数の大きさの順序であり、第三には資本の回転の速度の順序であり、第四には資本の運転させる国内資本の個数の大きさの順序——国内商業は両極に二個の国内資本を、直接的外国貿易は一個だけの国内資本を、仲介貿易は二個の外国資本だけを、回収する——であったからである[44]。

しかし、資本の安全性についてのスミスの判断への疑念はすでにしるしたし、生産的労働者の数に即していえば、こんにち、製造業の大プラントと小売業の百貨店とにおける従業員の数の比率は、スミスの判断とは逆であろう。また資本の回転の速度だけを見れば、小売業は大筋では逆に農業にまさっているし、外国貿易資本の回転もかならずしも長期間にわたるものでなかった。とくにこの回転の問題については、『国富論』へのもっとも早い批判者だった総督ポーヌルが実例によって熱心に反証しようとしたところである。[45] だから、スミスにおける資本投下の自然的順序の理論は、その冒頭の資本の安全性への判断からの展開の総体について、支持できないということになるであろう。だがそうだとすれば、スミスがここに「見えない手」のはたらきを見たことは幻影をとらえたにすぎぬということになる。それなら、『国富論』の分析した「他の多くのばあい」ではどうなのだろうか。経済学における「見えない手」の存在の主張は、そのかぎりでは、はたして拠るべき意義をもちうるのであろうか。

『道徳感情論』において個々人の自由な交通を支えるモーラルを描き出し、そこに近代社会の意義を認識したスミスは、この社会の商品交換社会としての特質を把握していた。「必要な援助が、……寛大で利害関心のない諸動機から提供されないにしても、また、その社会のさまざまな成員のあいだに、相互の愛情と愛着とがないにしても、その社会は、幸福さと快適さとには劣るけれども、必然的に解体するということはないであろう。社会は、さまざまな人々のあいだで、さまざまな商人《マーチャンツ》のあいだでのように、それの効用についての感覚から、相互の愛情ないし愛着がいっさいなくても、存立しうる。そうして……ある一致した評価にもとづいた、善行《グッド・オフィセズ》の金銭的交換 (mercenary exchange) によって、依然として維持されうるのである。[46]」しかし慎慮《プルーデンス》にもとづく自由な行為（「善行」）は、スミスの社会科学体系とモーラルの学とにあっては、もとより正義の徳の包摂のもとにあったから、これらの事情は『国富論』においても同様であった。だから『国富論』の形成する「自然的自由」の体系が、為政者のいわば「見える手」によるさまざまな政策的介入を容認していることは、かならずしも矛盾ではないのであって、それは競技のフィールドでのフェアプレイの実現という彼の前提を崩すものではなかったのである。[47]

『国富論』がその第五篇で政府の行為の領域を、軍備・司法・特定の公共事業＝公共施設・庶民教育等の分野に限って詳細に論じたことは、周知のところである。またこの古典一般が自由な経済行為への政策的介入を容認している諸例も、とくにヴァイナーの周到な指摘以来、ともかくも広く認識されているところであって、ここであらためてそれらを示すまでもないであろう。[48]『国富論』の執筆時には学識と経験との点ですでに十分成熟していたスミスは、理念ないし理想と錯雑した現実とのあいだにあるギャップを、平静に受け入れていたのである。だがともあれこの事実は、当面、「見えない手」の支配領域をおのずから限定するものであった。

そうしてこのことにかんしては、わたくしはさらに、『国富論』のつぎのことばを想起せざるをえない。すなわち、「自由貿易が将来大ブリテンに完全に回復されることを期待するのは、この国にオシアナあるいはユートピアが将来建設されるのを期待するような夢想に近い。社会一般の偏見だけでなく、それよりもいっそう克服しがたい多数の個人の私的利害が、とうてい抵抗できないくらいに強力に反対するからである。[49]……」いわゆる重商主義の完全な克服についてのスミスの見透しは、このように悲観的なものであった。この歴史的スタンスのなかでは、「見えない手」のはたらきを望むことはほとんど不可能なのである。――だが、ここにはなお一つの問題が残されている。

8

『国富論』にはその重要な場所において、「見えない手」についての隠された叙述がある。それは第三編第四章に見いだされる。ふたたび（三たび）長大な引用を許されたい。

「外国貿易もなく精密な製造業もなにひとつない国では、年に一万ポンドの所得がある人は、おそらく、一千家族を養うほかにはこの所得を使いきることはできないであろう。そうしてこの一千家族は、おのずと彼の命ずるままになるのである。これにたいしてヨーロッパの現状では、年収一万ポンドの者が全年収を使いきることは可能だし、またたいていそうしているのだが、それによって直接には二十人の人間を養うこともなく、また……十人以上の従僕を支配することもできないのである。……

大地主が地代を自分の借地人やお抱え者たちの生活の維持に費やすばあいには、地主はいずれもこれらの人々の全員を完全に養ってやる。これにたいして、地主が地代を商人や職人の生活維持に用いるばあいには、……地主はおそらく以前とおなじく多くの人を……養うことができるであろう。とはいえ、……個々の商人や職人は、ただ一人の顧客の仕事によってではなく、百人も千人ものことなった顧客の仕事によって自分の生計の資を得ているのである。……

大地主の個人的消費がこうして徐々に増大してきたので、彼らのお抱え者の数はしだいに減少せざるをえなくなり、ついに彼らの全員がお払い箱になってしまった。おなじ原因から、借地人のなかでも不要な者については、しだいに契約が解除されていった。農地は拡大された。……不要な人間を減らし、農民から農地の全価値をきびしく取り立てることによって、地主は……より大きい余剰生産物の価格を手に入れたことになる。商人や製造業者は、たちどころにこの地主にたいして、……このより大きな余剰を自分だけで使ってしまう方法を提供した。大地主の個人的消費が徐々に増大しつづけたので、彼は自分の土地の改良の実情からみて可能な限度をこえて、地代を引き上げようと望んだ。……ここに長期借地契約《ロング・リース》の［随時解約小作契約《テナント・アト・ウイル》からの脱皮の――小林］起源がある。

借地人がこうして独立してしまい、お抱え者たちが解雇されてしまうと、大地主はもはや、司法権の正規の執行を妨害したり、国の平和を乱したりすることができなくなった。……彼らは……子供の玩具まがいの装身具や金ぴかの安物を手に入れようとして、生得権を売ってしまったので、都市の富裕な市民や商人と変わらない普通の人間になってしまった。……

社会の幸福にとって至上の重要性をもつ変革（revolution）が、このようにして、社会に貢献するつもりなど少しもない二種類の人々によってひき起こされたことになる。大地主の唯一の動機は、まったく子供じみた虚栄心を満足させることであった。また商人《マーチャント》や職人たちは、たあいのなさという点ではすこしはましだったが、もっぱら自分の利益だけを念頭において、一ペニでも儲けられるところでは儲けようという、彼らに独自の小商人根性（pedlar principle）を貫いて行動しただけのことである。両者のどちらも、前者の愚かさと後者の勤勉とが徐々にもたらしつつあったあの大変革について、なんら知りもしなければ、予見もしていなかったのであった。(50)」

右の文章の最終のパラグラフ――その前の長い文章はこのパラグラフの導入部を成している――には、理解しやすいところと思うが、「見えない手」ということばが隠されている。このことは、いまわたくしの知るかぎりでは、アンドルー・スキナーが早く指摘したところであった。(51) そうして、留目すべきことにここでは、大地主の「子供じみた虚栄心」や、それよりもいくらかはましな、商人や職人たちのつまらぬ「小商人根性」という動因が、歴史→世界史に、彼らのとうてい予見しなかった「大変革」をもたらしたとする、スケイルの大きい独自の「欺瞞の理論」が、さきに見た、私利の追求が公益をもたらすという意味での一般的な立言よりも、はるかに尖鋭に示されているのである。

しかし、この二つの「見えない手」についての立言は、理論的にしっかりと連結されている。『国富論』のなかの明示的な「見えない手」の語をふくむさきの引用の、最後の部分で述べられているように、資本投下の「事物自然の順序」は、ヨーロッパのあらゆる近代国家においては——というよりもローマの滅亡以後のヨーロッパ一般においては、「逆転されて」、外国貿易→遠隔地向けの高級な製造業→農業というふうに示されてきた。これは、スミスのはっきりといっていることではないが、ローマ文明の余映が未開社会にあたえた影響のありかたを物語るものであろう。そうして、自然の、また歴史の、この逆行的順序の顕現という巨大な流れを、取るに足らぬ人々の、目立たぬ利己的な経済行為が「自然」の方向に逆流させた。「見えない手」は究極には、歴史を根本からくつがえすおそるべき力として作動する。スミスの社会科学体系のもつ歴史主義の底にも、「見えない手」はこうして見透かされていたのであった。

このようにして、『国富論』における「見えない手」は、『道徳感情論』におけるそれよりもいっそう整備され、かつ迫力をもって語られているといえるであろう。そこには社会科学者としてのスミスの成熟が示されている。しかもここには、スミス個人のストア的倫理感もまた、かすかながら温存されているといえるのである。封建制の末期にあたっての、奢侈的な地主や「勤勉」な商人・職人たちの利己的行動を「取るに足らぬ人々」のそれとわたくしが表現したのは、そこでのスミス自身の価値観の表白をいいかえたのにすぎないのである。

世界史の進展のなかで深刻にはたらく「見えない手」という思想は、ヘーゲルの「理性の詭計」(List der Vernunft)[52]を思い起させるような規模のものである。しかし世界精神が悲劇の舞台をしつらえてそこで英雄たちを操るという、ヘーゲルの歴史哲学とそこでの神義論の残映とに比べて、スミスの「見えない手」の歴史転換的な作用は、そこにすでに知った資本投下の自然的順序という無理な理論がふまえられているとはいえ、はるかに社会科学的であり、この語の自然神学的余韻にもかかわらず、かえって史的唯物論とも深くかかわるものをもつといえよう。――ただ他面、ここでの、近代商品経済の成立のばあいとはちがって、遠いオシアナの世界が実現するまで残存すべき重商主義的諸規制を、「見えない手」が歴史推進的な力として具体的にどう廃棄させるかは、スミスの知るところではなく、もっぱら政策的行為がその廃棄に努めるべきことを彼は説いたのであったが。

9

スミスにおける「見えない手」は、『道徳感情論』にあっては、それ自体が未成熟な歴史的認識のもとで発言されたものであるばかりでなく、同感の理論を核心とする論理構造のなかでは、かならずしも重要な位置を占めるものではなかった。また『国富論』にあっても、この語がそのなかにおかれた資本投下の理論が虚妄であったかぎり、結局は一種の象徴的なことばにとどまっている。むしろそれは、「スミスの思想の自然神学的構造を……端的に表現している[53]」という点に、すなわち一八世紀の人であったスミスの思想の深奥にあったものの表白として、意義をもつものと考えられるであろう。

だがそうとしても、そこにはなおいろいろの問題点がある。

第一に、スミス「解釈」ということにかんして「見えない手」が重要であるとしても、スミスの学問体系とくに経済学体系にとっては、この語は一種の信条告白にすぎず、また、こんにちのわれわれの学問的経験からいえば、経済における調和と法則との存在は経済学の成立の前提ではあるけれども、与件の不変の仮定に頼らずにこの調和と法則とを立証するものは、結局は経済理論自体よりも事実の事後的経緯である。他面、とくにこんにちでは、経済における調和と不調和、法則と制度とのかかわりの追求が、この学問の課題なのである。

第二に、スミスの自然神学がストアのものかクリスト教のものか、それとも両者の混淆であるかという問題について、わたくしはそれが主としてストアのものだと判断するし、この判断は多くのスミス研究者のものだとも理解しているが、これに対しては有力な反論が新説として提示されてもおり、その決着には今後時間を要するであろう(54)。

第三に、しかしこの第二の問題点は、そもそもスミスにおける超越者＝最高存在の意義の如何という問題が立てられ、神（ことにクリスト教の神）なきスミスという判断が一方に下されるときには、ほとんど意義を失うであろう。たとえ『道徳感情論』の第六版に超越者へのスミスの傾斜が見られるとしても、そのあとでの『国富論』の改訂は事実として不可能だったのみならず、スミスにそういう遠い慮りがあったという証拠もない。

「見えない手」というスミスのことばの理解への努力は、それが直接的努力であるかぎり、おそらくはスミス研究において積極的な意義をもたないであろう。またすでに述べたように、「見えない手」は『道徳感情論』を支える同感の理論にとってはその外縁にあるものにすぎない。この「手」のはたらき方の特徴である、大衆への「欺瞞」の役割もまた同様である。そうしてこのかぎり、スミスにおける「見えない手」という観念は、近代理神論が究極に生んだ表現の一つであるけれども、そこから遡ってスコットランド啓蒙の広い領域に入るには適切でない観念であろう。また、わたくしはこの小論でアダム・スミス個人のストア的倫理感を指摘したけれども、それは、スコットランド啓蒙における自然神学やピューリタニズムとスミスの倫理学とのかかわりを描くことを、目的とするものではもともとなかったのである。――むろん思想史の限りない錯綜のなかで、特定の観念の孤立化にはその意義に大きい限界があるはずだけれども。

最後に、これは周知のところだが、『道徳感情論』の初版にはその第一部第四編第三章に「ストア哲学について」の叙述があり、そこではこの哲学にたいするかすかな批判的保留を別として、一般的にはそれへの同感的立場が見られる。しかしまた周知のように、この章は第六版では第一部第四編第二章と第七部第二編第一章とに分割して帰属させられ、そのうえこの後者では大幅に加筆されて、そこでは自殺論をふくみつつ、ストアの「賢人」の思想は「逆説」[55]として却けられるに至っている。そこではつぎのように述べられる――「自然が、われわれの行動のために大筋を書いておいてくれた計画と体系とは、ストア哲学のそれとはまったくちがっているように思われる。

自然によって、われわれ自身が小さな管理と指導とをもつ小部分に直接に作用するできごと……が、われわれの利害関心をもっともひくできごとであり、われわれの欲求と嫌悪、われわれの希望と恐怖、われわれの歓喜と悲哀とを、主としてかきたてるできごとである。それらの情念が……あまりに激烈であるとしても、自然は、適当な救済と修正とを用意しておいた。中立的な観察者がじっさいそこにいることが、あるいは想像上であってもそこにいること、すなわち胸中の人の権威が、いつでも手近にあってそれらを威圧し、適当な調子と度合に節制させるのである。

もし、われわれのもっとも誠実な精励にもかかわらず、この小部門に作用しうるすべてのできごとが、もっとも不運災難なものになってしまうとしても、自然はけっしてわれわれを、なんの慰めもなしに残すことはしなかった。その慰めは、胸中の人の完全な明確な是認からひきだされうるだけでなく、もしできるならば、もっと高貴でもっと寛大な原理から、すなわち人間生活のすべてのできごとを指導する慈愛にみちた知恵、それらの悲運がもし全体の善のために不可欠に必要だったのでなければ、けっしてそれが起こるのを我慢しなかったであろうとわれわれが確信していい、あの慈愛にみちた知恵への、確固たる信頼と敬虔な服従とからもひきだされうる。

自然はこの崇高な省察を、われわれにたいして、われわれの生活の大きな事業および業務として規定しておかなかった。自然はそれをわれわれにたいして、われわれの悲運の慰めとして指摘するだけである。ストア哲学はそれを、われわれの生活の大きな事業および業務として規定する。[56]……」

これはストア哲学の要求する、あらゆる人間的情念にたいする無感動ということへの自己訓練の批判なのであって、ここではスミスの自然神学がスミス自身の同感論の動員のもとに、この批判を成立させている。だが右の思想史的事実は、「見えない手」を主題とするこの小論での、わたくしの関心と直接にかかわるところではない[57]。

注

（1）執筆者は Karen I. Vaughn.

（2）*The New Palgrave : The Invisible Hand*, ed. by J. Eatwell, M. Milgate and P. Newman, 1989.

(3) こういう広範囲の問題として「見えない手」を採り上げたわが国での文献として、山田雄三「アダム・スミスの〈見えざる手〉の諸解釈と現代的意義」(同著『価値多元時代と経済学』、一九九四年、収録)がある。この論文ははじめ一九八七年五月の日本学士院での報告に加筆したものである。

(4) Cf. James Steuart, *An Inquiry into the Principles of Political Oeconomy*, 2 vols., 1767. *Works* ed., 6 vols., 1850 (その vols. 1-4. 本論説ではこの後者を用いる), vol. I, pp. 426-27. 加藤一夫訳、ステュアート『経済学原理』、第二冊、二六五ページ。

(5) Cf. D. D. Raphael, *Adam Smith*, 1985, p. 72. 久保芳和訳『アダム・スミスの哲学思考』、八二ページ。

(6) 「もっぱらスミスに即して」というのがここでの主眼であるから、「見えない手」のより広範な考察、およびそういう範囲での多くの文献の利用は、以下ではおこなわれない。ただ、「スミスに即した」文献として、*Adam Smith, Critical Assessments*, Second Series, ed. by J. C. Wood の vol. VI, vol. VII にそれぞれ収められた、J. B. Davis および S. Ahmad の論文があることを指摘しておく (vol. VII における D. A. Martin の論文は別)。

(7) Adam Smith, *Essays on Philosophical Subjects*, Glasgow ed., by W. P. D. Wightman and J. C. Bruth, 1980, p. 49. 水田洋ほか訳『アダム・スミス哲学論文集』、三一ページ。「天文学史」は一七五八年より前に書かれたと推定されている。なお、本小論の以下の諸邦訳書からの引用にあたっては、訳文をわたくしの文体に合わせて変更したところがある。

(8) Adam Smith, *The Theory of Moral Sentiments* (TMS), 1st ed., 1759, pp. 347-51; Glasgow ed., 1976 (これは第六版、一七九〇年をもとにした各版対照版), pp. 183-85. 水田洋訳『道徳感情論』(初版をもとにした各版対照版。傍点は小林による)、二七九—八一ページ。

(9) この用語例については後注(12)の個所を見よ。

(10) Adam Smith, *TMS*, 1st ed., p. 167; Glasgow ed., p. 177. 水田訳、前掲、一二〇ページ。

(11) ただし、学史的常識としていうまでもないことだが、スミスにおける homo oeconomicus は、勤勉、節約、貯蓄等の、「慎慮《プルーデンス》の徳」をすでに市民的徳性として具えた人間であった。大河内一男『スミスとリスト』、全訂版、一九五四年、九七ペイジを見よ。

(12) Cf. Adam Smith, *An Inquiry into the Nature and Causes of the Wealth of Nations* (以下 *WN*), 1776, Glasgow ed. (以下同), vol. I, 1976, pp. 28–29. 大河内一男監訳『国富論』、一冊本、二八ペイジ。なお、those who are called philosophers or men of speculation という表現がある。Cf. *WN*, vol. I, p. 21. 邦訳、同右、一九ペイジ。

(13) これはむしろキュニコス学派を思わせる。

(14) *TMS*, 1st ed., p. 97 ; Glasgow ed., p. 45. 水田訳、前掲、六五ペイジ。

(15) man of enterpriz(s)e, *TMS*, 1st ed., p. 304 ; Glasgow ed., p. 173. 水田訳、同右、二二七ペイジ。

(16) *TMS*, 1st ed., pp. 130–33 ; Glasgow ed., pp. 58–59. 水田訳、同右、八七—八九ペイジ。

(17) *TMS*, 2nd ed., 1761, pp. 217–18. 水田訳、同右、二〇五ペイジ。

(18) Cf. J. Steuart, *op. cit.*, vol. I, p. 4. 加藤訳、前掲、第一冊、三〇ペイジ。ただしステュアートの、この語をふくむ *The Principles* の第一編はその清書稿がすでに一七五九年に成立していた。なお、Andrew Fletcher, *The Political Works of Andrew Fletcher*, 1732 のなかに早くこの語が見られるようである。田中秀夫『スコットランド啓蒙思想史研究』、一九九一年、四五ペイジを見よ。なお、つぎの著書の存在を指摘しておく。Oliver Goldsmith, *The Citizen of the World ; or, Letter from a Chinese Philosopher*..., London 1762.

(19) *TMS*, Glasgow ed., p. 149. 水田訳、前掲、二六一—六二ペイジ。

(20) *TMS*, 1st ed., p. 302 ; Glasgow ed., p. 173. 水田訳、同右、二二六ペイジ。

(21) それはスミスの蔵書目録から知られる。

(22) Cf. A. L. Macfie, *The Individual in Society : Papers on Adam Smith*, 1967, p. 24. 舟橋喜恵・天羽康夫・水田洋訳、マクフィー『社会における個人』、二二ペイジ。

(23) *Ibid.*, p. 101. 邦訳、同右、一四〇—四一ペイジ。ここでは傍点は小林のもの。——なお cf. Athol Fitzgibbons, *Adam Smith's System of Liberty, Wealth and Virtue*, 1995, pp. 33, 190.

(24) D. D. Raphael, *op. cit.*, p. 33. 久保訳、前掲、三七—三八ペイジ。

(25) *Ibid.*, p. 74. 邦訳、同右、八三—八四ペイジ。

(26) *TMS*, Glasgow ed., p. 288–89. 水田訳、前掲、三五九―六〇ペイジ。
(27) *TMS*, 1st ed., p. 135 ; Glasgow ed., pp. 276–77. 水田訳、同右、九〇―九一ペイジ。
(28) *TMS*, 1st ed., p. 136. 水田訳、同右、九一ペイジ。これは第六版で削除。
(29) *TMS*, 1st ed., pp. 73–74 ; Glasgow ed., p. 36. 水田訳、同右、五〇ペイジ。傍点は小林のもの。右にいうストア的自然の観念はスミスにおいて重要である。
(30) 田中正司『アダム・スミスの自然神学』、一九九三年、八九―九〇ペイジを見よ。田中はここで、ハチスンへの、ストア思想やライプニッツらの神義論の影響を推測している。
(31) 田中、同右、一一七ペイジ以下に拠る。
(32) 以上、田中、同右、一二〇ペイジを見よ。
(33) 梅津順一『近代経済人の宗教的根源』、一九八九年、第四章「ピュウリタニズムの〈倫理〉とアダム・スミスの〈近代的経済人〉」。
(34) 以上、Cf. A. L. Macfie, *op. cit.*, pp. 101–02. 舟橋ほか訳、前掲、一四一ペイジ。
(35) *TMS*, Glasgow ed., Introduction, p. 5. Cf. *ibid.*, p. 10.
(36) ラファエルは、『道徳感情論』における「見えない手」のはたらきの例を、「経済成長の効果を雇用の見地から叙述していた」と一種の強弁を用いながらも、結局はこの叙述の部分を「自然的平等の描写においては常軌を逸している」と批判している。Cf. D. D. Raphael, *op. cit.*, pp. 70, 79. 久保訳、前掲、八〇、九〇ペイジ。なおこの部分には、ラファエルのいうように、ルソーの『人間不平等起源論』にたいするスミスの反発があるのかもしれない。Cf. *ibid.*, pp. 71–72. 久保訳、前掲、八一ペイジ。
(37) 『経済の原理』の清書稿については、『小林昇経済学史著作集』第X巻D論文を見よ。また、ステュアートにおける近代商品生産社会成立の具体的叙述――スミスは『国富論』の執筆にあたってこれをこころにとめていたかもしれない――については、小林昇『最初の経済学体系』、一九九四年、一六七ペイジ以下を見よ。
(38) *WN*, vol. I, pp. 454–56. 大河内監訳、前掲、七〇二―〇六ペイジ。傍点は小林のもの。

(39) God, superintendant of the universe, devine being, Jupiter, Deity, infinite Creator, author of nature, the great judge of the world, supreme judge, providence, all-powerful Being, all-seeing Judge of the world, Great Judge of the universe, great Director of the universe, etc.

(40) 水田洋「国際学会でのコメント」、『名城商学』四三ノ二、一九九三年九月、一一三ペイジ。

(41) *WN*. vol. I, pp. 379–80. 大河内監訳、前掲、五九五—九六ペイジ。

(42) Cf. *WN*, vol. II, p. 687. 大河内監訳、同右、一〇九七ペイジ、および *ibid*., vol. I, p. 606. 九五七ペイジ。

(43) *WN*, vol. I, p. 360. 大河内監訳、同右、五六二ペイジ。

(44) 以上、cf. *WN*, vol. I, pp. 362ff. (Bk. II, chap. 5). 大河内監訳、同右、五六六ペイジ以下。

(45) Cf. *A Letter from Governor Pownall to Adam Smith, L. L. D., F. R. S.*, 1776, pp. 23–27.

(46) *TMS*, 1st ed., pp. 188–89 ; Glasgow ed., pp. 85–86. 水田訳、前掲、一三四ペイジ。

(47) Cf. *TMS*, 1st ed., p. 187 ; Glasgow ed., p. 83. 水田訳、同右、一三一ペイジ。

(48) Cf. Jacob Viner, Adam Smith and Laissez Faire (1927), in his *The Long View and the Short. Studies in Economic Theory and Policy*, 1958. なお、これにたいする独自の見解をふくむ論説として、渡辺恵一「『国富論』後半体系をめぐる諸問題——いわゆる重商主義の〈例外〉規定を中心として——」大阪市立大学『経済学雑誌』八一ノ六、一九八一年三月、を見よ。

(49) *WN*, vol. I, p. 471. 大河内監訳、前掲、七三二ペイジ。

(50) *WN*, vol. I, pp. 419–22. 大河内監訳、同右、六四六—五一ペイジ。傍点は小林による。

(51) Cf. Andrew Skinner's Introduction to the *WN*, Pelican (later Penguin) Classics, 1970, p. 40（ここでは七三年のリプリント版を用いる）。川島信義ほか訳『アダム・スミス社会科学体系序説』、八三ペイジ。わたくしも独自にこの指摘をした。『小林昇経済学史著作集』II、一九七ペイジを見よ。

(52) ヘーゲル『歴史哲学講義』（武市健人訳『歴史哲学』、上、岩波文庫、一〇一—二ペイジ）。小林、同右を見よ。

(53) 田中正司、前掲、二一五ペイジ。ただしわたくしは、それがストアの「自然」に、すなわち古代自然法に相応ずる点を、ここでは指摘してきた。
(54) 田中、前掲、がその代表的なものであり、スミスの贖罪論へのその解釈は独自である。
(55) Cf. *TMS*, Glasgow ed., p. 289. 水田訳、同右、三六〇ペイジ。
(56) *TMS*, Glasgow ed., p. 292. 水田訳、同右、三六三―六四ペイジ。なお、『道徳感情論』の第六版では、家族をはじめとする、身近な第三者への愛着が、その自然的順序に即して語られているが(Cf. *TMS*, ibid., pp. 219ff. 水田訳、同右、四五二ペイジ以下)、ここにもおのずから、ストア主義への批判がある。
(57) 前注(34)の個所を見よ。なお参考までに。――「スミスの『道徳感情論』には有名な同感の論理という、一種の社会規範論がある。これは個人の行為の規準を、ある社会のその時代に確立されている社会的是認(規範)におこうとするものである。しかしこれが『国富論』の見えざる手の議論に組み込まれているとは、私には思われない」(竹本洋『経済学体系の創成』、一九九五年、三四六ペイジ)。

付言　この論説の発表ののちに、第二の論説に示されている、ステュアートの *Principles* の校注版と、その全編の邦訳とが刊行されたが、ここでは最初の発表時の形式を重んじておくこととした。

James Steuart, *An Inquiry into the Principles of Political Oeconomy* (1767) の variorum edition の刊行について

一　ジェイムズ・ステュアートとその主著

Sir James Steuart Denham (1713-80) はアダム・スミスと同時代の人物であって、スコットランドに特有の身分である、法曹貴族の家に属した。彼が後半生の一八年をかけたという、主著の *An Inquiry into the Principles of Political Oeconomy*, 2 vols., London, 1767（『経済の原理の研究』、以下『原理』）は、その体系的整備の点からも、その一貫した分析と総合との点からも、その理論と歴史的認識との点からも、またそのうえで political oeconomy の語をはじめてその題名に用いたという点からも、「最初の経済学体系」[1]と呼ぶにたる巨篇であった。スミスの『国富論』の刊行は『原理』に遅れること九年である。

『原理』は一七七〇年にダブリン版が出、一七九六年にはバーゼル版が出、一八〇五年になるとステュアートの『著作集』にふくまれて改訂版が出た（『著作集』全六冊中の第一―第四巻）。また一八一〇年と一二年とにはその後半部分に限った省略版も刊行されている。ヨーロッパ大陸では二種類のドイツ語訳（一七六九―七〇年、ハンブルク。一七六九―七二年、テュービンゲン）と、フランス語訳（一七八九―九〇年、パリ）とが出た。[2] アメリカでは前記のダブリン版が流布したようである。[3]

ステュアートは一七四五年のジャコバイトの乱に反逆軍の主要人物の一人として参加し、生涯その立場を捨てきれなかったようである。このため四五年から六三年まで大陸で流寓生活を送らねばならなかった。それに加えて、彼には一七三五年から四〇年にわたっての、若年貴族としての大陸諸国での遊歴の経験のインパクトが強かった。この事実が『原理』の体系に Euro-centric な性格ないし特徴を与えている。このため、経済的自由を強調した『国富論』の刊行以後、ことにリカードウの理論的支配の確立以後、先進国イギリスでは、スミスの時代にもスコットランド啓蒙の外縁にしか位置しなかったステュアートとその『原理』とは急速に軽視・閑却され、ついにはほとんど忘却されるに至ったのであった。一九世紀末に出た三〇冊近い *Famous Scots Series* にも、フレッチャー、スミス、チャーマーズはあるのにステュアートはない（――右は水田洋の教示による）。はるか後代に『原理』に呼応しつつセイ法則の否定と貨幣的分析と積極的財政政策とを展開した、『一般理論』のケインズが、ついに『原理』に接触しなかったということが、この事情をはっきりと示している。

しかし大陸諸国とアメリカとでは、イギリスの経済学的正統――それはやがて自由貿易帝国主義をも生むこととなる――に無条件には従いがたいその環境からも、『原理』は広く読みつがれ、その結果がやがて、マルクスによるステュアートの一種の復活という現象に到達した。[4] その後も、ドイツ歴史派経済学やアメリカ経済学界でのステュアートへの関心は絶えることがなかったといえるであろう。こうして、ステュアートの名だけはわが国にも、はやく西周（にし・あまね）によって紹介されたのである。[5]

とはいえ『原理』の研究史は、第二次大戦の終わるころまでは、一般的にいってむしろ微弱であった。それは『原理』ないしステュアートにかんする専門研究の最初のものが、インド人 Samar R. Sen

による *The Economics of Sir James Steuart*, London, 1957 であったことによっても知られるであろう。センはすでに一九四七年に、Sir James Steuart's General Theory of Employment, Interest and Money と題する論説(6)を発表しており、そこでの『一般理論』の影響はあまりにも明白であるが、それはケインズの没した翌年のことであり、『一般理論』の出版からは一一年のちのことであった(7)。

二　戦後におけるステュアート研究の展開

しかし、セン以後、ことに近時における、『原理』への着目および積極的評価と、これに伴うステュアート研究の発展とは、いちじるしいものがある。

第一に、ステュアートを対象とする著書・論文の数は急速に増加した。センの著作のほかに、フランスではストラスブールの P. Chamley が *Economie politique et philosophie chez Steuart et Hegel*, 1963 と *Documents relatifs à Sir James Steuart*, 1965 とを相次いでパリで出版し、ことにこの後者は、ステュアートの伝記と『原理』の諸テクストとにかんするさまざまな資料を発掘・報告・検証したものであって、きわめて有益な労作となった(8)。また、アメリカ（ニュー・ジャージー）で出版された M. Perelman の批判的著作 *Classical Political Economy. Primitive Accumulation and the Social Division of Labor*, 1984 は、ステュアートのモノグラフではないものの、スミスに対比させつつステュアートの独自性と意義とを強調している。わが国では実に七冊（!）ものステュアート研究書が公刊されたし(9)、韓国でも新進の Hong-Seok Yang（梁弘錫）が *The Political Economy of Trade and Growth, An Analytical Interpretation of Sir James Steuart's 'Inquiry'*, 1944 を Edward and Elgar 社（Hants and Vermont）から出版した。これらの業績に伴って、ステュアートにかんする研究論文も多数公表されるようになり、わが国ではこれらを対象とする「学会展望」が再度こころみられるに至った。[10]

第二に、『原理』初版およびステュアート『著作集』の復刻がいくつも行われるようになった。その最初のものは、わが国の経済学史学会がはやく一九五七年にクォート版をオクターヴォ版に縮刷して会員に頒布した、『原理』の初版である。[11] 以後、『原理』の原形美装の復刻本がドイツで、ステュアート『著作集』の復刻版が二種類、アメリカとイギリスとで、出ている。[12] ——後述の、スキナー編『原理』二巻はまた別である。学界のこういう状況に応じて、*Great Economists before Keynes*, 1986 でステュアートをともかくも過去一〇〇人の経済学者の列に加えながらもこれをスミスの同時代において二流と断じていた、M. Blaug[13] が、その編集する双書 *Pioneers in Economics* 中の一冊に、*David Hume and James Steuart*, 1991 を加えざるをえなくなったのであった。この双書は、古典的諸経済学者についての代表的（と編者の判断する）諸論文を集録したものである。

第三に、右によって知られる事実だが、意外とも思われることに、イギリス人自身によるステュアートの伝記ないし研究書は、満を持するように見えながらもまだ出版されていない。イギリスにおけるスコットランド啓蒙の新鮮かつ広汎な研究状況にあっても、ジャコバイト・ステュアートはつねにこの精神史的関心の外縁におかれていたし、右の研究状況とのかかわりであらたに賑わっているアダム・スミス研究にあっても、ステュアートがスミスの対重として注視されることはほとんどなかった。これは一つには、はじめに触れた、『原理』の Euro-centric な特質（ないし傾斜）によるものであり、また一つには、経済学史研究におけるイギリスでの古典主義的伝統意識にもよるものであろう。

とはいえ、イギリスには、代表的ステュアート研究者と呼ぶにたる、スコットランド人 Andrew

Stewart Skinner が、いわば現地であるグラースゴウに存しており、ステュアートにかんする多くの有力な研究論文が彼によって書かれている。[14] しかも彼は、はやく一九六六年に『原理』の新しいテクスト（二冊本）を刊行した。[15] これは『原理』のたんなる復刻版とことなり、やや長大な編者序説（Biographical Sketch および Analytical Introduction）と有用な諸資料・諸文献・原著者の著作目録ならびに新索引とをふくみ、学界で広く利用された。ことにこの版の重要な点は、それが『著作集』版に拠りながらも初版と前者との大きい異同を拾い出して注記し、さらに多くの脚注ないし reference を付けたことであって、それら脚注のおもなものは関連文献注と叙述の前後（相互）参照の指示（cross-reference）とである。この前者は若干の誤記と古典の不適切な版の選択とを免れなかったとはいえ、研究者にとっては利用するにたるものであったし、また cross-reference も、『原理』の理論的・体系的特質が単純な本質的事象から複雑な諸制度への理論＝歴史的展開を追跡し構築するという点にあったかぎり、すなわち単純な問題相互の combination をつぎつぎに拡げてゆくという、いわば螺旋的進行の形をとっているかぎり、論述の過程に、みずからも認めるようにくりかえしが多く、そのため前後の照応をたしかめつつ読まねばならぬことのゆえに、[16] その作業を助けるうえでたいせつな注記なのである。

　しかし残念なことに、『原理』のこのスキナー版には、出版当時の諸事情から生じた惜しむべき大きい欠陥があった。もともと『原理』は量的に『国富論』を越える巨冊であるため、スキナーがその新版を提供した一九六六年という時点では、その完全な補注版の公刊は——おそらくは出版社の側にとって——不可能な事情にあった。だからこの版は、こんにちの意識が捨て去った遠い過去の詳細な事例を対象とする多くの部分（そのなかには一つの章の全部や、ときとしてその集合をもふくむ）[17] を割愛し欠落させなければならなかった。したがって、この欠落部分にあたるべき諸種の注記も、そこにはいっさい存しないのである。このためスキナーはこの版の序言で、それが variorum edition でないことを明記し、そこでの欠落個所を目次で示したのであった。

スキナーはその後グラースゴウ版『アダム・スミス全集』中の『国富論』の variorum edition の編者の一人としてその任を果たし（後述）、またそういう作業の経験をも深めたはずなので、『原理』の同様な variorum edition の完成をつぎの課題としたのは当然のことであったといえよう。

第四に、もとにもどって、近時に至りステュアートにかんするシンポジウム、すなわち Colloque International James Steuart en 1995, 14–15–16 Septembre 1995 が、グルノーブル南部の Château de Vizille で開催された。この企画はフランスの経済学界とスキナーとの連繫に成るものであるが、主催はグルノーブルのピエール・マンデス・フランス大学である。報告者は三三名、スペイン・イタリア・イギリス・フランス・オーストラリア・カナダ・韓国・日本、それに予定としてはアメリカからの、研究者であった。[18] 二部屋に分れた、シャトオの会場でプログラムが進行し、日本からは水田洋が司会に、渡辺邦博とわたくしとが報告に、参加した。[19] ここでの報告はほぼその半数が選ばれて、英仏両国語で（それぞれ一冊）刊行されることになっており、その編集も終わったとのことである（それは本書のつぎの論説の注(19)に示す、R. Tortajada の編著となった）。この国際シンポジウムは、一面では近時のステュアート研究の世界的拡がりが、他面ではとくにそのフランスでの隆盛が（報告者中二一名がフランスの大学に所属）、示される集まりとなった。[20] これらは注目すべき事実である。そうして、後述のように、スキナーによる、『原理』の新しい校注版の準備は、このときにはすでにはじめられていたのであった。

三　経済学史上の諸古典の variorum editions の例示

variorum edition とはどういう版をいうのか。

一般的にはそれは、大きい古典的著者の全作品の諸版の、校異・補注版をさしていうもののようである。例えばシェイクスピアの全集の variorum edition(s) というがごとき。ドイツではこれに対して historisch-kritische Gesamtausgabe という呼び方がある。ただし、単独の（一冊の）古典書の variorum edition もむろん存するのであって、ことに経済学の古典のばあい、標準書として多くの版を重ね、その各版ごとに異同・補訂があり、しかも研究・分析の対象となりつづけた単独の書物が、こういうエディションの編集の対象となることを、むしろ通例とするようである。そうして右のばあいには、variorum edition とは校異・補注版[21]ないし校注版と訳すのが適当であろう。むろん、写本時代の諸異本は簡明な校異には適しないし[22]、また近代の諸著作の校注版のばあいには、校注以外のさまざまな資料的 appendix の付されるのがむしろふつうである。

そこで、経済学の研究史におけるいくつかの校注版は、従来——といっても比較的近時のことだが——代表的古典と目されてきた書冊を対象として編集されたのであって、それらはみな、厳密な学的作業の成果であった。イギリスの学史に即してそれらをあげれば、ほぼ以下のごとくである（原則として刊行順）。

A. Smith, *An Inquiry into the Nature and Causes of the Wealth of Nations* (1776). Ed. E. Cannan, 1904 ; Glasgow ed. 1976 (Eds. R. H. Cambell, A. S. Skinner, W. B. Todd).

47 James Steuart, *An Inquiry into the Principles of Political Oeconomy*...

D. Ricardo, *On the Principles of Political Economy, and Taxation* (1817). Ed. P. Sraffa, 1951.

A. Marshall, *Principles of Economics* (1890). Ed. C. W. Guillbaud, 1961. ——この扉には，ninth (variorum) edition with annotations とある。

J. S. Mill, *Principles of Political Economy* (1814). Textual Ed. J. M. Robson, 1965.

T. R. Malthus, *An Essay on the Principles of Population* (1798). Ed. P. James, 1989.

Ditto, *Principles of Political Economy* (1820). Ed. J. Pullen, 1989. ——扉に variorum edition とある。

右のうち，スミス，リカードウ，J・S・ミルの経済学上の主著は，全体としても校注版と呼びうる，彼らの全集にふくまれるものである。なお，キャナンが古くに『国富論』の練達な校注作業を行なったこと，(23)スラッファが『リカードウ全集』の個人編集者であったこと，等が着目される。——ここにあげた諸古典の校注版のほかにも，

J. R. McCulloch, *A Treatise on the Principles and Practical Influence of Taxation and the Funding System* (1845). Ed. D. P. O'Brien, 1975.(24)

や，貨幣にかんするロックの三論説を編集した，

Locke on Money (1692, 95, 95). Ed. P. H. Kelly (The Clarendon Edition of the Works of John Locke), 1991.

などもあげられるであろうし，また，ヒュームの経済学的エッセイだけに校注の作業をほどこした，

D. Hume, *Writings on Economics*. Ed. E. Rotwein, 1995.

も，校注版と呼ぶには変則の本ながら，長く親しまれてきた編纂書であり，周到な学問的遺産である。

イギリス以外での経済学的古典の校注版には，代表的なものとしてケネー，(25)マルクス（およびエンゲルス）の著作集ないし全集がある。ワルラスの主著のジャッフェ訳，すなわち

49 James Steuart, *An Inquiry into the Principles of Political Oeconomy...*

L. Walras, *Elements of Pure Economics.* Trans. and annoted by W. Jaffé, 1954.

は、訳書においてはじめて校注版を成したものとして、例外的な事例であろう。さらに、C・メンガーの『経済学原理』第二版の邦訳である、『一般理論経済学』（八木紀一郎・中村友太郎・中島芳郎訳、一九八二—八四年）[26]も、訳書としての校注版の資格の一半を、原典の初版と二版との校異という点でももっているし、なによりも、当の『原理』の邦訳（完訳）である、

竹本洋ほか訳、小林昇監訳『経済の原理』（二巻、一九九三—九八年）

が、校注版の資格をかなり十分に具えている。

四 『原理』の諸版と諸本㈠

『原理』ないしステュアートに対する関心と研究とがようやくグローバルな規模で拡がったといっても、『原理』がその variorum edition を必要とするに至ったのには、前掲の諸古典のばあいとはやや異なった、独自の理由がある。

『原理』の初版は、最初の political economy の体系書として迎えられはしたけれども[27]、その売れ行きはかんばしくなかった。またその『著作集』版も、ジェイムズ・ミルの否定的評価を受けたりして[28]、再版は出ていない。そのダブリン版（三巻、一七七〇年）が、廉価のゆえもあってやや広くアメリカその他で読まれたようであるが[29]、これは著者が責任をもった版ではない。したがって諸版の校合という目的からは、初版と『著作集』版との二つだけが、まず対象となるのであって、数版のあいだの異同

が対象となるのではない。しかし、この二つの版のあいだの相違は、細部にまで及んでいちじるしく大きく、しかもこの大きい改訂（と増補）を経た『著作集』版の外国語訳は日本にしか存在しないのであるから、両版の校異の作業自体には十分な意義があるとしなくてはならない。[30]しかも、『原理』の初版はそれを読んだアダム・スミスの『国富論』との対比において、その『著作集』版はステュアートの最終の到達点と自由主義経済思想の側からの批判に対するステュアートの自己弁護とを知るうえで、それぞれに重要であるから、この両版の厳密な校異には独自の意義があるとすべきであろう。

『原理』の二つの版には、つぎの三点にわたる相違がある。

第一に、初版刊行後における文章表現の点での推敲が、他の古典のばあいに比べてきわめて多い。ステュアートはその長い外国生活のゆえに、フランス・スペイン・イタリア・ドイツの諸語に熟達したが、彼の時代のスコットランド人として、洗練された英語の文章表現力を身につける余裕がなく、そういう欠陥（と彼の考えたところ）を十分に是正できぬまま『原理』の初版を書きついだのであった。彼はこのコンプレックスを、彼の同情者であり庇護者であった閨秀文人レイディ・メアリ・モンタギュにうちあけており、ポウプやフィールディングと文壇で相関わったこの夫人から適切にたしなめられているが、それでも彼のコンプレックスは消えず、初版の文章の細部に執拗な改訂を加えたのである。[31]

第二に、『原理』初版の出た一七六七年（ことに貨幣および鋳貨の制度を論じたその第三編が書かれた一七六〇年）から、ステュアートの没年である一七八〇年までのあいだに、イギリスでは鋳貨制度の改革が行なわれた。すでに『ドイツ鋳貨論』（*Abhandlung von den Grundsätzen der Münzwissenschaft mit einer Anwendung derselben auf das deutschen Münzwesen...*, 1761）や『インド鋳貨論』（The Principles of Money

51 James Steuart, *An Inquiry into the Principles of Political Oeconomy...*

applied to the present State of the Coin of Bengal, 1772) をも刊行してとくに貨幣問題の専門家として遇せられていたステュアートは、一七七三年のこの改革に遭って一論を草したが、これは『原理』再版の第三編第一部に加えられるべきものであった。[32]

第三に、『原理』は広い思想史に「最初の経済学体系」として登場した労作であったから、当然、相応の評価は受けたのであり、この事情は、まず、一七六八―七一年にエディンバラで初版を刊行した『エンサイクロペディア・ブリタニカ』が、その経済の部分を代表する大項目である Commerce, Exchange, Money 等の諸項目で『原理』を敷き写しているという事実からも知られる。[33] またアーサー・ヤングの『政治算術』(一七七四年)は『原理』とかなり深くかかわり、[34] さらにややのちの、エディンバラ大学でのドゥーガルド・ステュアートの経済学の講義でも、『原理』は『国富論』につぐ基準書として推賞されたのであった。[35] しかし、モンタギュ夫人が危惧したように、[36] ブリテンではすでに『国富論』の直前に、自由主義の経済思潮が――いわゆる重商主義の内部からも――支配的となりつつあった。このため『原理』はその出版の直後から、*Monthly Review* (April-August, 1767) と *Critical Review* (May-July, 1767) との両誌から、みずからの体系を支えていた、為政者 (statesman) による経済過程への介入の思想を批判されねばならなかった。[37] ステュアートはこれに対して、『原理』の序文をふくらませたり、本文に脚注を加えたりして、自己本来の理論的立場を、ときに巧みに、ときに気弱に、守ろうとしたのであった。[38] なお、ステュアートは『原理』本来の理論の深化をもこころみており、それは例えば、食料価格の決定にかんするユニークな限界分析の追加に示されている。[39]

右の諸事情は『原理』の『著作集』版に大幅の変化と拡大とをもたらした。前掲のセンの著作がその付録で、ロンドン・スクール・オヴ・イコノミクス図書館所蔵の『原理』初版の書入れ本 (後述)

を検討したところによると、右の主要な加筆は全部でほぼ一九、〇〇〇語に達するとのことである。(40) これは『著作集』のオクターヴォ版にすれば約七〇ペイジ分に当たるであろうか。

五　『原理』の諸版と諸本(二)

前掲のセンの先駆的なステュアート研究書は、『原理』の初版に拠っているから、(41) これも前出のロンドン・スクール・オヴ・イコノミクス（LSE）所蔵の書入れ本は、『著作集』版『原理』の稿本として、しかし、基本的には初版への独自の改訂増補本として取り扱われている。それは、センがLSEの図書館でこの書入れ本を検したとき、図書館のカタログが、書き加えられた訂正（corrections）を「おそらくは」ステュアートの息子のステュアート将軍のペンによるものだとしるしていたからである。セン自身はこの判断に疑いを抱き、父ステュアート自身の加筆も多いと推定しているが、ともあれこのような事情から、センはLSE本と『著作集』版との系譜を基準とすることをやめ、その代りに、LSE本での加筆の語数を——内容にかんするものについてのみ——そのそれぞれの個所に即して数え上げたのであった。

しかし、イギリスの著者（とくに貴族）のばあい、自著への書入れをかならず自筆で行なったとは限らないのであって、その一例は東京経済大学所蔵のローダーデイル文庫中の『国富論』である。この本に見いだされるおびただしい批判的記入は、杉山忠平によって、ローダーデイルないし彼の書記たち（secretaries）の手によると判定され、したがってそのことごとくがローダーデイル自身の思想を示すところとされて、すべてが *Lauderdale's Notes on Adam Smith's Wealth of Nations*, ed. by Chuhei Sugiyama,

1996に取り入れられて公刊され、学界の利用に供されている。しかも、当面のLSEのカタログは、『原理』についてのその記載の不正確さが所蔵図書館自身によって認められるに至ったのであって、(42)それによれば、『著作集』版『原理』はLSE本をつうじてすべての部分にわたり初版の著者が責任を負うということになるのである。したがって一九六六年には、スキナーはその編集した『原理』の序文を、ほぼつぎのように書きはじめることができた。——すなわち、『原理』の最終の英語版はその『著作集』版であって、それは彼の息子によって編集されたものだが、一七六七年の初版を修正したテクストに拠っている。ステュアートは一七八〇年のその死に至るまで、みずから右の修正をつづけ、この、原版に修正を加えた本が一冊、LSEの図書館に存する。——「わたくしの版のテクストはステュアートの『著作集』の内容に従っている。当版は現存する［『原理』の］第一・第二編の手稿、一七六七年版、およびLSEのもつ修正本を校合したものである。(43)」

　右に『原理』第一・第二編の手稿というものについては、つづいて説明するであろう。しかしスキナーがLSE本を校異の対象に入れたというのは、厖大な『原理』全編への著者自身のおびただしい加筆をことごとく正確に『著作集』版と照合しようとする意図に出るものであって、この一九六六年の版では明示されなかったとはいえ、『原理』のvariorum editionの作成に向けての、彼のこころざしを示している。そうして、こんど成立したこのvariorum editionのテクスト解説では、スキナーは、LSE本での文章上の推敲の多数の個所がステュアート自身のペンによること、内容上の重要な変更の個所は筆稿者（amanuensis）の手によること、後者はことごとく『著作集』版に取り入れられてその索引にも示されていること、およびこんどの校注版のノートにふくまれたこと、を示している。(44)

　ところで、『原理』にはほかに、その第一・第二編にかぎっての清書稿が三部も残されており、これはめずらしいケースである。『原理』がいつ、どこで書きはじめられたかはあきらかではないが、その理論的根幹部分を成す第一・第二両編は、おそらくはその大きい部分が、一七五七年から五九年前半までのあいだに、西南ドイツの小都市テュービンゲンで書き了えられたのであった。[46] ステュアート夫妻はこの町での静穏な生活を五七年—六一年の四年間つづけ、このあいだにやがて『原理』第三編（貨幣論）の稿も成ったのである。——そうしてステュアートは、右の両編の草稿の清書稿をただちに三部つくらせ、一部をモンタギュ夫人に、一部をバーデン伯カール・フリードリッヒ（Markgraf Karl Friedrich von Baden-Durlach）[47] に献呈して、残りの一部を手許に置いたのであった。

これらの稿本についてのシャムレーの調査と報告とによれば、[48] モンタギュ夫人に贈られた美装の稿本には『原理』初版の序文に照応する献詞がついており、夫人はこの稿本をヴェネチアで受けとったが、彼女の娘は当時のイギリス政界の最上層にあったビュート伯の妻であったので、いまはこれはビュート伯爵家文書（ビュート島）に保存されている。また、ステュアートを厚遇したカール・フリードリッヒへの献呈稿は、カールスルーエの Badische Landesbibliothek に所蔵されている。さらに第三の、ステュアートが自身の手許にとどめた稿本は、ステュアート家の文書である Coltness Papers に保管されていたが、現在はエディンバラ大学図書館の所蔵に帰した（ついでながら、『原理』第三編の草稿ないし清書稿が残存しているという事実は——わたくしは粗漏を恐れるのだが——ないようである）。

この三部の清書稿のうちの、とくに検討すべき第三のものは、『原理』の初版と大きく異なるところがなく、叙述のごく一部分の順序の変更および章の区分の相違と、それから例によって文章上の多くの推敲が見いだされるとのことである。[49] 一九六六年版の『原理』では、スキナーは右のうち順序の変更ないし目に立つ推敲についてはいくつかを注記で指摘したが、[50] こんどの版ではそれが省かれた。

この点は問題の残るところであろうし、スキナーの共同編集者である水田とわたくしとにとっても、やや不審に思われる点である。[51] ——ともあれ、『原理』の初版がその前身の一部となった清書稿の内容を大きく書き改めるという意図をもたなかったことは明白であって、それは、初版が著者の帰国後に利用できたはずのイギリスの文献でその第一・第二編を補っていないことからも、また、「ここは……年に書かれた」というふうに注記して当の本文を温存させるという方針を採っていることからも、[52] 知ることができる。

このようにして、『原理』のはじめての校注本の本文の校異・校訂は成った。それは一貫したスミス＝ステュアート研究者アンドルウ・スキナーの、辛苦に満ちた学問的労働の結実である。

六 『原理』variorum edition の構成について㈠

こんどの『原理』の校注版には、校訂された本文のほかに、やや長文の編者序説、『著作集』版ならびに校注版の索引、ステュアートの諸著作の書誌、おなじく彼の学問的草稿にかんする説明、引用・参照文献書目、研究文献書目、肖像等（以上のうち索引はとうぜん vol. 4 の巻末に、その他のすべては vol. 1 の巻頭に収められている）をふくんでいるが、これらのほかに当然、多くの編者脚注（reference および cross-reference）を付加している。これらの脚注が一九六六年版『原理』本文の欠落部分にも付けられていることはむろんである。

右の諸付加部分のうち、編者序説はステュアートの伝記（Section 1 : Biographical）と『原理』体系の理論的総括（Section 2 : The First System of Political Economy）との二部に分けられ、前者はスキナーが、後者はわたくしが担当している。

ここでのスキナーの新しいステュアート伝は、彼がすでに一九六六年の『原理』の新版に、それへの序説の前半を成す、Biographical Sketch. The Life of Sir James Steuart-Denham 1713-1780 (37pp.) ――序説の後半は、彼による Analytical Introduction (27pp.) ――として書いたものを、その後の新資料の探究と発掘とによって全面的に改稿した成果であって、グラースゴウの教授としての彼の環境がそこに十分に生かされており、いまのところ、拠るにたる随一の詳細かつ正確な伝記であろう（前掲の邦訳『原理』の上巻に付された竹本洋による伝記も見るべきものである）。スキナーはこの稿に先立って、前記のグルノーブルのシンポジウムで Sir James Steuart : The Jacobite Connection と題するペイパーを読んでおり、その直前の日付け (12th Sept. 1995) で、このペイパーと伝記的部分がかさなる、*Sir James Steuart : Political Economy and the Jacobite Connection* (*Discussion Papers in Economics*, No. 9514, University of Glasgow) を公表しているが、こんど改稿された伝記は、ステュアートにおけるいわゆる Jacobite Cnnection の追跡に重点を置きすぎたという感があるとはいえ、久しくつづけられた彼の研鑽を証している。

右の新しい伝記がわれわれに鮮明に知らせることは、ステュアートが生涯保ちつづけたジャコバイトの人脈が広くまた厚かったということである。彼を支えつづけた「実際的な性格の」(of real character) 妻 Lady Frances Wemyss は Lord Elcho (David Wemyss, 1721-1787) の妹であったが、この後者はジャコバイトの乱にあたって盟主チャールズ・エドワードの親衛隊を指揮した人物であり、ステュアートとは若年のころリヨンで相遭って以来親交をつづけた。ステュアートが大陸での長期の流寓をともかくも貴族の体面を保ちつつ続けえたのには、こうしたスコットランドの貴族層の扶助が有効だったと推測されるが[53]、このことはまたやがて、彼とハイランドとのかかわりをも思わせるであろう。右のフランシス・ウィームズは、スコットランドの北端に近い、サザランド東岸のダンロビン城に、伯母のサザランド伯夫人とともに住んでいたが、ステュアートはたぶん、エディンバラ南郊のグッドトゥリーズ（Goodtrees）から、三度もこの北地の城を訪れた。そのうちの一度は一七四二年の新年のことであって、途上「ハイランドは深い雪に埋もれていた[54]」とのことである。その翌年、婚儀も十月にダンロビン城で行なわれたのであった。

ついでながら、アダム・スミスのばあいとは逆に、『原理』の著者の遺跡はスコットランドにもまったく残されていないようである。グッドトゥリーズの館の跡も、ステュアートが隠棲して農事をこころみながら『原理』を仕上げた、ラナークシャー（グラースゴウの東南にひろがる）のコルトネスの館の跡も、彼の一家の荒れた墓地での彼自身の墓標も、いまは訪ねる由もない[55]。炭田の発掘と領地からのステュアート家の立退きとが、コルトネスの周辺の光景を荒涼とさせてしまった。しかしこういう事態はヨーロッパではむしろめずらしいことであるから、やはり、荒廃と忘却との根本原因は、『原理』自体がその著者の郷国で久しく閑却されていたという点に求められるべきであろう。一人の貴族としてのジャコバイト・ステュアートは、その生涯的労作に対する無視という、二度目の長い追放を受けたのであった。いまに至っては、グラースゴウのスキナーでさえ、コルトネスとその近傍とに悲運の political economist の跡を見いだそうとする努力を放棄しているようである。

『原理』校訂版の編著序説の後半（Section 2）を成す、この古典の理論的総括の部分は、わたくしが担当している。しかしそれは新稿ではない。わたくしはこれまでに、『原理』を対象として「最初の経済学体系」と題する論説を別々に二度書いており、はじめのものを『小林昇経済学史著作集』X

に、つぎのものを論説と同題の小著『最初の経済学体系』に収めたが、ここで編者序説に入れた、'The First System of Political Economy' はこの両編のうちの前者をもととしている。わたくしは古く一九五〇年以来、ステュアートにかんする論説を書きはじめ、八五年に至ってようやく、いちおうの総括的論説「最初の経済学体系」を発表した。[56] その後九四年に、右と同題の小論を公けにしたが、[57] 両者はその形成がきわめて異なる別個の論説であった。こんどの校注版の編者序説に加えたものは、正確にいえば、このうちの前者の、理論的スケッチの部分を書き改めたものであって、[58] そのころ英訳の労をとって下さったのは、大東文化大学の近藤正臣教授である。[59]

わたくしのステュアート研究はいまでは長期にわたったため、自然、『原理』についての著作や論文も数だけは多いが、そのなかで英文となっているものは四個の論説にしかすぎない。[60] しかしスキナーはその四個のすべてを読んでおり、また彼とわたくしとは過去二度にわたって、東京と名古屋とで語り合う機会を得ていたので、[61] 彼はこの四個の論説のうちの一つ——ただし前記のように理論的スケッチ——を、こんどの版の編者序説に加えるようにわたくしに求めたのであった。

わたくしにとっては右の論説は、いまではやや古いものであり、またもともと一気に書かれた試論でもあるので、これをこんどの校注版のはじめに載せることにはためらいを感じたのだが、なにぶん、長大な『原理』の簡潔な（?）要約——その理論体系のスケッチ——は容易に見当たらないという実情[62]などをも考慮したすえに、スキナーの要請に応ずることとしたものである。なお、この部分の英文には若干、スキナーによる表現上の訂正が加わっている。——ともあれ、ステュアートがその研究史上、「最後の重商主義者」から「経済学体系の創成者」[63]へとその姿を転じつつある事情を、読者はわたくしの右の小編によって感知されることもあるであろう。

七　『原理』variorum edition の構成について(二)

『原理』の新しい校注版がその本文校訂のほかにふくむ重要な付加部分としては、編者序説以外に、やや詳細な編者注（reference）があげられるであろう。これには、引用・言及・関連諸文献とそれらの当該ペイジの指示、本文の前後の照応を示す多くのいわゆる cross-reference、第三編貨幣論にとくにしばしば見られる計算上のミスの訂正、言及された人物についての簡単な説明(64)、等がふくまれる。前記のように、スキナーによる『原理』の一九六六年版には、編者の努力を示す、やや詳細な ref. と便利な cross-ref. とが付けられていた。しかし、これもすでに知るように、この六六年版にはかなりの省略部分があり、したがって当然その部分には ref. も cross-ref. も欠けているわけである。ことに欠落の章の多い第三編は（実質上の金銀両本位制下における）イギリスの貨幣の改鋳と諸国の鋳貨価値の比較等の局面にかんして、やや煩瑣な算術計算を必要とするばあいが多く、このため計算上のミスもすくなくないが、これを ref. で正す機会はスキナーには与えられなかった。そのうえ、六六年からこんにちに至るあいだに、学史研究の領域では――思想史研究でのそれと並んで――大きい発達が見られたのであって、一つにはさまざまな古典のより整備された新版（たとえばA・スミスの『全集』）や、より便利な普及版（たとえばヒュームの Liberty Fund 版）や、また正確な復刻版（たとえばテュルゴの *Réflexions* の、Wirtschaft und Finanzen 社によるファクシミリ版）等が刊行されたし、二つには広範囲にわたって、参照するにたる研究書や研究論文（たとえばチェックランドの『スコットランド銀行史』や、グリュンヴェーゲンのカンティロン↓ステュアートの関係にかんする論文(65)）も発表された。——以上はすべて、もとより『原理』の理解にかかわる新文献の一端のみをあげたものである。こうした理由から、六六年版『原理』における ref. と cross-ref. とは、こんにちでは大幅に書き改められ、書き加えられなくてはならないであろう。そうしてこの作業が、一九九五年に、グルノーブルでのスキナーの依頼によって、水田洋とわたくしとに委ねられることになったのである。われわれ二人は、相互にその経験と知識とで支え合えるということを期待して、ようやくこの依頼に応じたのであった。

この新しくつくられた ref. で留意されている諸点は、ほぼ以下の通りである。

(一)これは一九六六年のものを継承し、それを訂正・補完している。したがってその作成者には、おのずからスキナーが加わっている。

(二)水田とわたくしとは、この分野の作業で完全に協力し、ゲラ刷りも両人で検討している。ただし作業の最初の段階では、それぞれの専門の立場から、水田は思想史関係の文献を、わたくしは経済学史関係の文献を、おもに担当した。しかし、この分担も機械的なものでなかったことはいうまでもない。

(三)こうして、ref. に示される諸文献は、ほぼ次の諸点で新しくなっている。それは節を改めて述べることにしよう。

八 『原理』variorum edition の reference の特徴

(a)ここでは、社会思想史の諸文献への目くばりが広くなった。もとより、一九六六年以後にはスキ

61 James Steuart, *An Inquiry into the Principles of Political Oeconomy...*

ナー自身の視野もとくにこの分野では拡大しているはずだが、この校注版では、水田の知識の動員が行なわれている。たとえば、『原理』の著者序文（それへの ref. 以下同）における F・ベイコンの引照、第一編序論における、メルシエ・ド・ラ・リヴィエールによる despotisme légal の語の使用の指摘、C・エルヴェシウスからの引用、A・スミスの『道徳感情論』および『文学講義』への注目、等々――これらはそれだけですでに、『原理』の置かれた思想的世界の雰囲気を、あらたに読者に伝えるであろう。

(b) ここでは諸古典は、原典とその普及版とが、それらの当該ペイジとともに、新たな吟味のうえで提示されている。たとえばS・Le・ヴォーバンやJ・F・ムロンやデュトは、すべて適当な原典に遡ると同時に、それらの普及版としては、*Economistes-Financiers du XVIIIe Siècle*, ed. par Eugène Daire の一八四三年版を用いた。後者には一九七一年版もあって、旧版の復刻版と称しているが、両者のペイジ付けは同一ではない。スキナーの六六年版では右のデールの一八四三年版だけを用いて、原典に遡っていない。

(c) ステュアートがリチャード・カンティロン（Richard Cantillon）の *Essai*（ないしその草稿）を読んだかどうか、読みえたのはその意訳（loose translation）ともいえるほど相似た[66]、フィリップ・カンティロン（Philip Cantillon）の *The Analysis of Trade*, 1759 ではなかったかという問題は、スキナーもわたくしも久しく決しかねていたところであったが、最近グリュンヴェーゲンの前記の研究が発表されて、すくなくとも『原理』と Ph・カンティロンとのかかわりの方がより直接だということが明らかとなった。そこでわれわれは ref. において、まず Ph・カンティロンに即した引照を行ない、同時に、ただし同時代の思想を知るうえでの参考として、R・カンティロンに即する指摘をも付記した。

(d)一九六六年版の『原理』の ref. では、ケネーの初期の論説「人間論」や「租税論」を、R. L. Meek, *The Economics of Physiocracy*, 1962 の第一部のふくむ英訳で用いている。こういう措置は英語国民にとっては便利であろうが、ケネーの諸論著の拠るべき現代版は *François Quesnay et La Physiocratie*, Tome Second, Textes Annotés, Institut National D'Études Démographiques (INED), 1958 であるから、われわれはこれを用いて、ミークの著書（兼訳書）は措くこととした。

(e)前述のように、ステュアートはテューービンゲンに滞留して平和な時間を得、そこで『原理』の第一編から第三編までを仕上げたのだったから、この町の古い大学の教授たちとの交流はそこに当然生まれたのであって、この経歴は、『原理』へのカメラリストたちの影響を想像させ易くなる。カメラリズム研究のやや古い文献に、W. Dreissig, *Die Geld-und Kreditlehre des deutschen Merkantilismus*, Berlin 1939 があって、これにいちはやくケインズ『一般理論』の重商主義観が迎えられているところから、ケインズ以後にとくに展開されたステュアート研究のなかで、右の想像を実証しようとするこころみが散見するのはむしろ自然のことである。われわれはこんどの ref. 作成にあたってこの問題に留意し、カメラリズムの諸古典をやや狭い範囲内でながら検討し直したが、そのいちおうの結論は、ヒュームへの関心からはじまってインダストリ（近代的労働）の概念を基礎に据え、その上に相互に影響し合う国民的・国際的諸契機と諸行為との全体像をダイナミックに描き出した——そうしてポリティカル・イコノミーという学問領域を近代科学世界のなかに創出した——『原理』の本質的部分へのあきらかなインパクトを、これらの古文献のなかには見いだしがたい、というものであった。テュービンゲンでのステュアートの内部では、モンテスキューやヒュームの影響から出発した『原理』の思想的・理論的核心は、すでに十分に成熟していたのである。[67] われわれの作成した ref. にカメラリズム

63 James Steuart, *An Inquiry into the Principles of Political Oeconomy*...

の文献の現れないのはこのゆえである。

(f)古典の引用＝言及書に ref. をつけるばあい、それら各種の文献に版を重ねているものがあるときには、そのどの版を選ぶかが問題となる。それは第一に、当面の古典の用いた版がその版にだけ示されている事実ないし主張から特定されるというときがあるからであり、第二に、この古典の刊行年以後の、諸文献の版に拠ることは注記としては不適切だからである。[68] Dutot, *Réflexions politiques*..., 1738 の第二版（一七四〇年）が選ばれたのは前者の例であり、Adam Anderson, *An Historical and Chronological Deduction of the Origin of Commerce*, 1762 の一七六四年版（二巻）を、スキナーの一九六六年版『原理』が拠った一七八九年版（四巻）に替えたのは、後者の例である。デュトの諸版については窮めつくしがたい点があるが、その第二版は一橋大学の古典資料センターにあり、アンダスンの六四年版は早稲田大学図書館の艸翁文庫（小松芳喬教授旧蔵）にある。

(g)『原理』の単純な計算ミスが集中しているその第三編は、竹本洋を中心とする研究グループがその全体をはじめて邦訳し[69]、それは小林昇監訳・竹本洋ほか訳の『経済の原理』下巻（一九九三年）に推敲のうえ収められているが、そこでの、原典の犯した数字のミス・プリントや計算上の誤りについての少なからぬ指摘は、こんどの校注版の ref. では十分に利用の恩恵を受けている。

(h)『原理』が創出した多くの術語・用語や、『原理』に見られる学史上の創見については、ref. でいちいち指摘することを禁欲した。われわれの恣意がはいるばあいを恐れたからである。effectual demand の語に付した ref. などはむしろ例外である。

(i) ref. の作成に当たって用いた諸文献については、前記の二図書館以外に、東京経済大学・中央大学・立教大学の各図書館を利用させていただいた。また Goldsmith Library からの多くのコピーを竹本洋教授から拝借した。このことは特記しなければならない。このほか、杉山忠平、大倉正雄両教授の蔵書からも便宜を与えられた。さらに、山下幸夫・吉原泰助・服部正治・大森郁夫の諸教授からもご助力をえた。これらのお名前をここにしるすのは、こんどの variorum edition へのスキナーの Preface にそれが遺漏なく示されていないからでもある。これは、編集者たちがイギリスと日本とに、さらに出版社を加えればグラースゴウ・ロンドン・名古屋・東京に別れていたことの、連絡上の限界にもよるものである。この限界は、新しくつくられた Index の項目の選定（これは結局、イギリスでの専門家に委せられた）や、校正刷りが最後に、しかも連絡が不十分のまま出た、vol. 1, pp. lxix–cxvii の部分の仕上りかたにも示されざるをえなかったようである。

注

（1）これは『原理』の最大の特徴についてのわたくしの近年の認識である。後注（56）・（57）・（63）をも見よ。なお、竹本洋による『原理』の総体的研究の書名は『経済学体系の創成』（一九九五年）である。

（2）『小林昇経済学史著作集』（以下小林『著作集』）X、論文Bを見よ。

（3）フィラデルフィアの書店（bookseller[s] William and Thomas Bradford）が、その刊行していた *The Pennsylvania Journal ; and the Weekly Advertiser* の紙上に『原理』の刊行計画とそれへの応募とを求めたのは、一七七〇年九月六日のことであったが、それ以後、七一年七月一八日から七二年三月一二日までのあいだに、実に一四回にわたって同様の広告が掲載されている。この『ジャーナル』の前記の号はすべて Library Company of Philadelphia に存在し、同時にそこには『原理』の初版もダブリン版もともに所蔵されているが、かんじんの（予告された）フィラデルフィア版は、いままでのところ、このライブラリにも、またアメリカのどこにも、見いだせない。したがって『原理』のアメリカ版の存在の有無についてはさまざまな臆測が可能であるが、わたくしは一七七〇年に廉価で小型（オクターヴォ判）の三巻のダブリン版『原理』が出版された——しかもダブリンの出版業は海外市場をめざしていた——という事実にかんがみ、ブラッドフォド社がこの新版の輸入をもって独自の出版に代えたのであろうと判断している。以上の事実については、一九九七年秋にアメリカを訪ねた立教大学の高橋和男教授が詳細にわたって調べて下さったところに拠っている。Cf. J. Steuart, *Principles*, variorum, vol. 1, pp. lxiv–v. 小林『著作集』X、五四、五六ペイジを見よ。建国期のアメリカでは『原理』は広く読まれたのであった。Cf. O'Connor, *Origins of Academic Economics in the United States*, 1944; J. Dorfman, *The Economic Mind in American Civilization 1606–1865*, vol. 1, 1946.

（4）小林『著作集』X、論文Bを見よ。

（5）杉山忠平『明治啓蒙期の経済思想』、五七ペイジを見よ。Cf. also ditto, *Origins of Economic Thought in Modern Japan*, 1994, p. 23. ただし、西がステュアートの名にどこで接したかはあきらかでない。徳川幕府の蕃書調所には一八五一年刊のE. W. De Rooy, *Geschiedenis der Staathuishoudkunde* がはいっており、西はライデンへの留学前にこれを読んでステュアートの名を認識した可能性が高い（水田洋の教示による）。

（6）なお、センの論説にわずかに先立って、ケインズの生前の一九四五年に、Walter F. Stettner, Sir James Steuart on the Public Debt, *The Quarterly Journal of Economics*, vol. 59 が発表されている。これについては、田添京二『サー・ジェイムズ・ステュアートの経済学』、二五七ペイジ以下を見よ。

（7）センがこの年に本文前掲の著作の原稿を書き上げていたことは、おなじ著作の序文にしるされている。

（8）シャムレーはこの労作のふくむ文献的諸事実をあきらかにするにあたり、後注（11）に示すわが国での『原理』初版の復刻・縮刷版を持ち歩いて用に供した。

（9）（著者名のアルファベット順に）川島信義『ステュアート研究』。小林昇『著作集』V、X、同『最初の経済学体系』。大森郁男『ステュアートとスミス』。竹本洋、注（1）前掲、田添京二、注（6）前掲。

（10）経済学史学会編『経済学史——課題と展望——』中の、渡辺邦博・竹本洋執筆の二項、および『経済学史学会年報』第三五号の、大友敏明執筆の「研究動向」。前者は一九九二年、後者は一九九七年。ただし、わが国での『原理』ないしステュアート研究のうち、欧米の学界で読まれているものはごくすくない。

（11）前注（8）を見よ。

(12) Augustus M. Kelley, NY, 1967 ; Routledge/Thoemmes, London, 1995. 後者は vol. 7 として Critical Studies 1957–1988 を加えている。

(13) Cf. Mark Blaug, *Great Economists before Keynes*, 1986, p. 242.

(14) A. Skinner, *A System of Social Science. Papers relating to Adam Smith*, 2nd ed. 1966 は、その最終論説として Sir James Steuart : Principles of Political Economy を収めているが、末尾の文献注に自己のおもな研究論文を示している。そのほか注目に値するものに、〔Notes and Documents.〕Sir James Steuart : Nine Letters on the American Conflict, 1775–1778, David Raynor and Andrew Skinner, *The William and Mary Quarterly*, 3rd Series, vol. 51, no. 4, 1994 ; *Sir James Steuart : Political Economy and the Jacobite Connection, Discussion Papers in Economics*, no. 9514, University of Glasgow, 1995（本文に後出）などがある。

(15) Sir James Steuart, *An Inquiry into the Principles of Political Oeconomy*, 2 vols. edited with an Introduction by Andrew S. Skinner, published for the Scottish Economic Society, 1966. なお、おなじ S. E. S. は *Scottish Economic Classics* と名づけてマカロックの課税論（本論文第三節）や父ミルの論文集（ed. by D. Winch, 1966）を出したが、これらのうち『原理』だけが省略版である。

(16) このばあい、『原理』の行文自身による指示はあったりなかったりであり、その指示もかならずしも明瞭ではない。

(17) この欠落部分は、スキナーによる一九六六年版の目次がみずから明示している。最大の欠落個所は第三編第二部 The Principles of Money applied to Trade の全体（八つの章）である。なお第一・二・四・五編のそれぞれの末尾の、長文で重要な総括の章（Recapitulation）も割愛された。

(18) 報告者の一人であった N. Waszek は、当時パリ郊外在住であったがドイツ人研究者といってよいであろう。

(19) 奥田聡も出席者であった。

(20) このシンポジウムはわが国の経済学史学会の刊行物にはいっさい触れられていないようである。

(21) 一例として、ハイデッガーの、辻村公一、ハルムート・ブフナー訳『有と時』（一九九七年）がある。

(22) こういうときには『校正萬葉集』のように、基本的には横並べの、複合書冊の形式も必要とされよう。
(23) キャナンには『国富論』のほかに、おなじスミスの *Lectures on Justice, Police, Revenue and Arms*（講義筆記ノート）という編集の仕事もあるが、故ロナルド・ミークはみずからの経験のうえに、「キャナンはすばらしい編集者だった」とわたくしに語ったことがある。
(24) 前注（15）を見よ。
(25) 後述の本文第八節(d)を見よ。
(26) これには玉野井芳郎が、「メンガー遺著の初訳本刊行にあたって」という序文を書いている。
(27) 小林『著作集』X、四九―五一ペイジ、一二一ペイジ以下、一九四ペイジ以下を見よ。
(28) Cf. James Mill, *Selected Economic Writings*, ed. by D. Winch, 1966, p. 24. この著作は前注（15）で触れたものである。
(29) 前注（3）を見よ。小林『著作集』X、一九二―三ペイジをも見よ。なお、『原理』の第三番目のドイツ語訳（A. John の訳、三巻、一九一三―一四年）はダブリン版に拠っている。
(30) 本文前出の、竹本洋ほか訳、小林昇監訳、J・ステュアート『経済の原理』、二巻、名古屋大学出版会、一九九三―八年。これは初版と『著作集』版との相違をかなり詳しく注記し、また多くの訳者注を加えてある。なお、中野正訳（第一・第二編のみ。三冊、岩波文庫）は初版に拠ってこれを『著作集』版と部分的にながら校合し、加藤一夫訳（おなじく第一・第二編のみ。三冊、東京大学出版会）は『著作集』版に拠っている。
(31) 『原理』がフランス語で書きはじめられたということを、スキナーはすでに一九六六年版（p. 6n.）で報じているが、それにしても、英語へのステュアートのこのコンプレックスは、彼が長く大陸に住んで英語を使う機会が少なかったとはいえ、当時のスコットランド人としてはむしろ自然であった。マルクスは『原理』初版の文章を揶揄の意味でなく geniales Englisch と評しているが（*Zur Kritik*..., *MEW*, 13, p. 142n.）、これはなぜだろうか。わたくしには、『原理』の難解さはその文章によるのではなく、読者の古典派的教養（ときとして古典派的先入見）の妨げによるもののように思われる。

（32） Bk. III, Of Money and Coin, Pt. I, Ch. xvi, State of the British Coin in 1773, at the time of passing the Coin Act. これには［Additional］と付記されている。

（33） 前注（27）の示すところを見よ。『ブリタニカ』初版の序が、重要な典拠としてゴゲ、ヒューム、ロック、ヴォルテール、およびステュアートをあげていることにも留意されたい。

（34） 小林『著作集』Ⅰ、一〇六ページ以下、Ⅹ、五〇ページを見よ。

（35） 同右、Ⅹ、一二四—五ページを見よ。

（36） 「これほど有益なお仕事を世間が受けつけないとしたら残念なことです。けれども、まだ広く受け入れられていないいくつかの真実をあなたが公表されるまでは、たぶんなにほどかのあいだお待ちにならねばならないでしょう。」（*The Letters and Works of Lady Mary Wortley Montagu*, ed. by Her Great Grandson, Lord Wharncliffe, 3rd ed....by W. Moy Thomas, in 2 vols., vol. 2, 1861. 1st AMS ed. 1970, p. 376.）

（37） その内容については、田添、前掲注（6）、後編第三・第四章を見よ。

（38） とくに『原理』の最後の注を見よ。これはステュアート自身が『原理』の基本性格をEuro-centricと見ていたことの証しでもある。

（39） 『原理』によれば——食料の需要者を彼らのもつ購買力の順にa、b、c、d、e、fというグループに配列しよう。食料が彼らのすべて（総人口）を養うのに十分なばあいには、その価格はfの購買力にしたがい、食料がやや不足するときには、それは騰貴をはじめてまずこのfの購買量を減らすであろう。しかしこの最後尾のグループの人口は現実に最大であるから、食料価格の騰貴が彼らにそのぎりぎりの生存線を割らせるほどになるまでには、需要はかならず激減し、それは価格をふたたび引き下げてfをまた購買者の列にもどす。こうして食料の不足分は全階層が平等に負担するようになる、という。Cf. *Principles*, Bk. II, ch. 30, Quest. 9.

（40） Cf. Sen, *op. cit.*, Appendix A. 総数はわたくしの合計による。

（41） Cf. *ibid.*, p. 8n.

（42） これはイギリス中世史家の鵜川馨教授がわたくしのために当該図書館にたしかめて下さったところに

よる。当時レスターにおられた鵜川教授への図書館からの返書にはつぎのようにしるされていた（わたくしへの教授の通信は一九六〇年五月四日付け）。'The Catalogue entry describing the author's corrections in our copy of Steuart's *Inquiry* is rather misleading, since, although the corrections and additions were apparently made for a 2nd edition which was not published, they were in fact used for the edition included in his *Works* published in 1805. We believe that this 1805 edition includes them all, and there is in fact some indications that it was printed from the copy now in our possession.' ――なお、この書入れ本は、ステュアートの息子ステュアート将軍から一七八五年に Sir Stuart Thriepland of Fingask に贈られたものが、のちに LSE の図書館の所蔵に帰したという履歴をもつ。

（43） Preface (p. v) to The *Principles*, ed. by Skinner, 1966.

（44） Cf. *Principles*, variorum, vol. 1, pp. cvi–vii.

（45）『原理』の末尾にはこの著作が一八年にわたる労苦の結実だという言葉がある（variorum, vol. 4, pp. 300-1）。そうだとすれば、『原理』の構想は一七四九年ごろ以来、すなわち流寓者となった著者のアングレーム滞留時代（一七四七?―五四年）に、まずモンテスキューの『法の精神』（一七四八年）に触発され、やがてヒュームの『政治論集』（一七五二年）に哺まれ、つづいてメルシエ・ド・ラ・リヴィエールとの会話の機会に養われることによって、成熟しはじめたものであろう。

（46） ステュアートとドイツのカメラリストたちとの関連――わたくしはそれが重要であるとは考えない――については、第八節の(e)に後述のところを見よ。

（47） ドイツに重農学派を導入した。*Abrégé des principes de l'économie politique*, 1773（初稿は *Ephêmérides du citoyen*, 1772, 1 に発表。ミラボーの *Les économiques*, 2 vols., 1769–72 の要約）がある。

（48） Cf. Chamley, *Documents*, op. cit., pp. 19–21.

（49） Cf. *ibid*., pp. 82–3 ; *Principles*, variorum, vol. 1, p. cii.

（50） Cf. *Principles*, Skinner's ed., 1966, pp. 32n, 69n, 88n, 94n, 103n, 207n, 217n, 227n.

（51） [補記] その後のわれわれ両名へのスキナーの書信（一九九八年三月一一日）によれば、variorum, vol. 1,

p. cii での，'Major differences between the MS and the 17667 edition have been observed in the notes to the present edition,...' という表現は不審を招きやすいから，その後半を 'in the note to the present edition (p. cvi)' と直したいとのことである。右の p. cvi は Note on the Text の個所であって variorum の脚注を意味しない。Variorum の読者はこの点に留意していただきたい。スキナーが variorum でこころざしたところの中心は初版と『著作集』版との校合であって，最初の手稿と初版との校合の記載は技術的にも適切でないと判断したとも彼はしるしている。

（52） Cf. *Principles*, variorum, vol. 1, p. 31 ; vol. 2, p. 156.

（53） アングレームでのステュアート夫妻の優雅な（また退屈な）生活ぶりについては，例えば A. Kippis, Memoir of Sir James Steuart Denham, Bart. of Coltness and Westerfield..., in *The Coltness Collections*, 1842, pp. 299ff. を見よ。ちなみにステュアートの妻フランシスの持参金は六〇〇〇ポンドであった。Cf. *Principles*, variorum, vol. 1, p. xix.

（54） 同行したエルコのしるすところ。Cf. *Principles*, variorum, vol. 1, p. xix.

（55） 以上，山崎怜「キャンパスネイサン」（小林『著作集』V，月報）および田添京二，前掲，後編第七章第一節を見よ。

（56） これは，はじめリブロポート社刊の雑誌『歴史と社会』第六号（一九八五年六月）に掲載したものを原型とし，のち八七年の夏に全面的に改稿したものである。この改稿の第三・第四節は，別に大東文化大学『経済論集』四五号（八八年三月）に発表した（英文のものは，同右，五五号［九二年五月］）。

（57）『日本学士院紀要』第四八巻第二号，一九九四年二月。同年一二月に同題の小著（名古屋大学出版会）に第二論文として収録。

（58） 前注（56）。

（59） 近藤教授は，大塚久雄が岩波書店から出した，*The Spirit of Capitalism. The Max Weber Thesis in an Economic Historical Perspective*, 1982 の英文作成者であり，同書に Translator's Note を書いている。

（60） 1） James Steuart, Adam Smith and Friedrich List. The Science Council of Japan : Division of Economics,

Commerce and Business Administration, *Economic Series* No. 40, Feb. 1967. 2) The First System of Political Economy. —An Essay on *Political Oeconomy* of Sir James Steuart—, Daito bunka University's *Keizai Ronshu* (*Review of Economics*), no. 55, May 1992. 3) Sir James Steuart on Taxes, *Ex Oriente*, vol. 6, March 1993. 4) On the Method of Sir James Steuart, *Principles of Political Oeconomy*, *Keizai Ronshu*, op. cit., no. 63, Apr. 1995. このうちの最後者は九五年のグルノーブルのシンポジウム（本文前掲）で読んだペイパーのもととなったものである（仏文にもなった。後掲一二五ペイジ)。——これらの英文論説のうち、第一のものが比較的広く読まれているようである。

(61) その一度目は東京で（一九七八年)、中野正・岡田純一の両故人が同席した。二度目は名古屋で（九〇年)、須藤壬章・竹本洋が同席した。

(62) ステュアートの体系にかんするスキナー自身の論説については、前注（14）を見よ。

(63) 竹本洋『経済学体系の創成』（前掲）は、『原理』に近代把握という学問領域の体系的成立を見ている。

(64) コルベールやウォルポールの名に解説をつけることはほとんど無用と思われるが、スキナーはそれが有用だという認識を守った。さまざまな国の読者を意識したからであろうか。

(65) Groenewegen の先行論文として——Cantillon = Philip Cantillon 説として——、F. Cabrillo, Who was the author of the Essay on Commerce? A note on Sir James Steuart's doctrinal sources, *History of Economics Society Bulletin*, vol. 10, no. 2, 1988 がある。

(66) Cf. W. S. Jevons, Richard Cantillon and the Nationality of Political Economy, in *Essai sur la nature du commerce en gênêral, by Richard Cantillon*, edited with an English Translation and other material by Henry Higgs, 1931, p. 335.

(67) しかも、成熟に向かいつつあったカメラリズムの諸文献はむしろステュアートから吸収したのであって、その逆ではなかったといえよう。Cf. Keith Tribe, *Governing Economy. The Reformation of German Economic Discourse 1750–1840*, pp. 134–40. なお、テュービンゲンにおけるカメラリズムについては、cf. *ibid*., p. 138n., 18.

(68) 一九六六年のスキナー版に James Anderson とあるのは誤まり。

(69) 竹本洋・奥田聡・中西泰之・柳田芳伸・渡辺邦博・梁成一・渡辺恵一訳、ジェイムズ・ステュアート

『政治経済の諸原理にかんする研究』第三編「貨幣と鋳貨について」、『大阪経済論集』第一八三―一八九号、一九八八年五月―八九年五月。

リチャード・カンティロンとジェイムズ・ステュアート

一　ステュアートはカンティロンを読んだか?

リチャードカンティロン（Richard Cantillon, ?—1734）が、その没後に公刊された唯一の著書 *Essai sur la nature du commerce général*, 1755[1]（『商業試論』——以下『試論』）によって一八世紀中葉の、いなケネーやA・スミス以前の、最も重要な経済学者（すくなくともその右翼の一人）であることは、一八八一年にS・ジェヴォンズが彼をいわば新発見して以来、周知のところである。[2] カンティロンのこの著作はその公刊（一七五六年再版）直後に姿を消したわけではなかったし、またその手稿はV・R・ミラボーが長い間（一七三七年?から *Essai* の公刊準備開始直前まで）保管しつづけ、彼の『人間の友』（*L'ami des hommes*, 7 vols., 1756–60）の述作の糧ともしていたので、これを読みえた人も相当あったと推測される。とくにグルネ（J. C. M. V. de Gournay）はその一人であって、当の手稿の刊行の前後に彼やフォルボネ（F. V. D. de Forbonnais）を中心としてフランスの学界で『試論』への関心が高まった時期が見いだされ、それはケネーの『経済表』への学界の認知までつづいている。[3] また後代に至っては、マルクスとロッシャーとが、さすがにカンティロンに着目した。[4] しかし彼の名と著作とはその後はまたほぼ忘れられ、ジェヴォンズによる再発見を待つことになったのである。この再発見（あるいは新発見）以後、『試論』はそれが「経済学の真の揺籃」・「経済学の最初の体系的論説」だとするジェヴォンズの評価[5]を承けつぎ、シュンペーターの、それを「経済学の領域での最初の体系的労作」であり「時代の栄冠」を担う著作であるとする断言[6]を経て、近時ではカンティロン評伝の専門書であるマーフィー（A. Murphy）の *Richard Cantillon. Entrepreneur and Economist*, 1986 における、『試論』こそ『経済表』および『国富論』とならんで一八世紀の三大経済学書だとする主張に至るまで、一貫して深く尊重されているのである。[7] マーフィーにつづいてハチスン（T. Hutchison）も、その大冊 *Before Adam Smith*, 1988 で『試論』を大切に取り扱った。またヒックスの独自で積極的なカンティロン観についてはのちに言及するであろう。こうして、カンティロンは学史上のいわば貴種として待遇されているといってよいであろう。

『試論』の新鮮で鋭利な分析と簡潔な叙述とに接する者は、こういう評価がかならずしも過重でないことを知るはずである。もしも『試論』の存在がなかったとすれば、『経済表』や『国富論』もまた、そのいま在る姿をもたなかったといえよう。

しかし、近来の経済学史研究の分野では、『試論』への右のような評価を重んじながらも、それを再吟味すべきだという、いわば新しい関心の生まれることが期待されているように思われる。それは、『試論』と『国富論』との間に刊行され、『経済表』とほぼ同時にその根幹部分の草稿が成った、ジェイムズ・ステュアート（James Steuart）の『経済の原理』（*An Inquiry into the Principles of Political Oeconomy*, 2 vols., 1767[8]——以下『原理』）にかかわる問題の出現であって、この巨篇についての理解と認識とが深まるにつれて、またそれとともにこの緊密な大作が『国富論』の直前に聳立する「最初の経済学体系」だとする見解[9]が提出されるに至って、ペティ→『試論』→『経済表』→『国富論』の組み立てる学史の大道を軸として経済学の成立過程の説明に当てようとする学史的常識には、なにほどかの反省と補強とが求められるようになっている。この事実は、いわゆる古典派経済学の前駆にとどまらぬ古典的経済学（klassische Ökonomie）[10]の建設作業の検証にかかわって、重大な今日的問題[11]につながるであろう。そうしてこのばあい、マルクスがとくにステュアートを、「多くの点で一八世紀に対立し、また〔スコットランドの〕貴族としてより多く歴史的な地盤に立つ[12]」と評した点を、われわれは慎重に考慮すべきである。

だが、ステュアートとカンティロン、ケネー、スミスの三者との関係については、相互に直接的接触があったかどうか、より限定的にいえば、相互にその主著を読んだかどうかという事実の確定がまず必要となる。もとより、ステュアートがその最晩年に『国富論』を手にしたとしても[13]、それは『経済の原理』の公刊ののちのことであるから、ここにスミス→ステュアートの問題はない。また、『原理』第一・第二編（その理論的・体系的基礎部分）はそれの草稿および清書稿がすでに一七五八―九年に成っているから、はじめ狭い範囲の人々の目にしか触れえなかったケネーのいわば私家版の『経済表』が、広く読まれた前記ミラボーの『人間の友』続編第六部（または第七部）に公表されたのは一七六〇年に至ってであることを知れば、『原理』の初版に『経済表』の跡がないのは自然である[14]。しかし、カンティロンとステュアート、『試論』と『原理』とのかかわり、すなわち後者への前者の直接ないし間接の影響についてはどうであろうか。

従来は、『原理』に『試論』のかなりの跡があるというのがむしろ通念であった。『原理』が『試論』の公刊のあとに書きあげられたという事実は明白であるし、また同時に前述のように、ミラボーが『試論』の手稿を長く保管している間にこれを読みえた者がかなりあったことが想像される。その一人が前述のグルネだったが[15]、一七五四―五五年にパリに在った『原理』の著者が、かねての知友メルシエ・ド・ラ・リヴィエールの手引きでミラボーと会った可能性は小さくはないし、またミラボーの『人間の友』は翌五六年以来出版されはじめたから、ミラボーに浸透したカンティロンがとくに『人間の友』をつうじて『原理』の執筆開始の時期[16]にその構想――とくに人口論からの展開――に影響をあたえたという可能性は、誰しもそれに思い及ぶだろうからである。だから、近時の学史研究の成果である、ブリューア（A. Brewer）のカンティロン分析（*Richard Cantillon. Pioneer of Economic Theory,* 1992）も、またおなじくヤン（H. S. Yang）のステュアート論（*The Political Economy of Trade and Growth. An Analytical Interpretation of Sir James Steuart's Inquiry,* 1994）も、むしろカンティロン→ステュアートの直接的関連を当然の前提として作業を進めている。A・S・スキナーはこの点に慎重ではあるが、彼が『原理』の集注版（variorum edition, 1998）の本文脚注（とくに人口論にはじまるその第一編「人口と農業」の脚注）にしばしばなおミラボーへの参照を求めているのは、むしろその慎重さの限界を示しているものといえよう[17]。

しかし、カンティロンから直接に、あるいはミラボーを経て、ステュアートに及ぶとする継受の線は、近時ではむしろ否定されているといってよいであろう。それにはいろいろの根拠がある。

第一に、『原理』第四編第二部第三七章と第三九章とにそれぞれ見られる、アムステルダム銀行保蔵の貴金属の量についてしるした、ステュアートの表現では *Essai sur Commerce* ないし *Essay on Commerce* とされている文献の著者が、カンティロンではなくてムロン（J. F. Melon, *Essai politique sur le commerce,* 1734; Nouvelle édition, 1736）であることがすでに確定された[18]。第二に、ハイエクの独自の判断を継いでグルュンウェーゲン (P. Groenewegen) が、周到かつ徹底的に、ステュアートが直接読んだカンティロンはリチャードではなくてその従兄弟のフィリップ・カンティロンの著作であることを立証した。[19]すなわち、*The Analysis of Trade, ...Taken chiefly from a Manuscript of a very ingenious Gentleman deceas'd, and adapted to the present Situation of our Trade and Commerce. By Philip Cantillon, Late of the City of London, Merchant.* London : MDCCLIX がそれである。この本は平凡な歴史観を示す序文を備えており、リチャードの『試論』を祖述しまたそれと照応する部分も当然多いけれども、もとより粗い概論書として、リチャードの原典に遠く及ばぬ内容のものである。しかし、ステュアートが『原理』で三度にわたりその名を挙げ、二度にわたり *Analysis of Trade* の書名に言及したばあい、[20]それがリチャードとその『試論』とをさすものでなかったことは、グリュンウェーゲンの考証的努力によってすでに明白である。

つぎには、しかし、『試論』が『人間の友』ないしフィリップの *Analysis* を経て『原理』に影響を与えたか、与えたとすればどういう論点であったかという問題が、解くべき学史的重要課題として残存している。この課題は、創成期経済学史の継承関係の構造解明のために提出されているといえよう。したがってこの課題の一端を解こうとするのがこの小論の目的となるのだが、その目的のうち『人間の友』と『原理』とのかかわりに限っていえば、すでに考証家シャムレーの論断を経ているように、この両者にあって比較に値する論点はいくつもあるとしても、そこでステュアートがミラボーから受けたと思われる決定的示唆は明示しがたいのである。[21]すなわち、両者の直接的関係は明白ではないというべきであろう。両者が人口論からその展開をはじめているとしても、[22]後述のように、人口論における ステュアートの関心の所在は、『試論』出版以前のヒューム＝ウォーレス論争に対面しつつ、截然として独自のものであった[23]——なお、『人間の友』の第一冊は前述のように一七五六年に出ており、この著書はただちに広く流布して版を重ねた。だから亡命者ステュアートが、アングレーム（フランス）でポリティカル・エコノミーという新しい学問体系の樹立をこころざしたのちにパリでメルシエや（あるいは）ミラボーとの交流を経たのちに、ネーデルランドに移って（五五―五六年）、そこではじめて『原理』の執筆を開始したという推定が可能であるとすれば[24]、このときに新刊の『人間の友』がステュアートの机辺に置かれていたという推測もまたできるであろう。さらに、人も知るように『原理』の第三編を除く各編にはそれぞれの編末にその各章の要約がついており、この様式は『人間の友』を連想させるのである。[25]――もっとも、ステュアートはネーデルランドでの、ことにその保養地スパーでの生活がかならずしも平穏ではなかったようだから（前注16）、この推測も十分には有力ではない。なおついでにいえば、平和な南独のテュービンゲンにたどりついて『原理』第一・第二編の草稿を仕上げつつあった、本来社交的だったことが知られる貴族ステュアートと、当時のドイツのカメラリストたちとの、知的な交流もおのずから推測され、その点の指摘もしばしば見受けるが、わたくしは、前に触れたように、カメラリズムよりもはっきり進んだ段階にあったヒューム（『政治論集』、一七五二）をしっかり踏まえて、つねにこの同国人の立論の彫琢と批判とをみずからの出立点としてつよく意識していた『原理』のステュアートにとって、この種の交流はおそらく学史的意義をもつほどのものではなかったろうと判断している。[26]

『原理』はその著者の大陸旅行中の、諸国での執拗な見聞と多様な交友とを有効に踏まえて成ったものであるが、他面、その序文でしるすように、著者は「経済の主題を論じた多くの人の著作を読んだし、またそれからできるかぎりの知識を引き出すように努力してきた[27]」のであった。しかも『原理』の体裁上の特徴の一つは、『国富論』のばあいとは逆に、引用ないし関説した諸文献の書名や当該書のペイジ数などを、ほぼ忠実かつ正確にしるしていることである。したがってまた、『国富論』のばあいとことなり、関連文献への遡及も比較的容易であるといえよう。しかし『原理』はやはり一八世紀の古典であり、しかもその蔵するところは深いから、著者の接した「多くの人の著作」がその諸行の表面にことごとく明示されているとは考えがたいであろう。カンティロンとステュアートとの間に直接の関連があったかどうかは、ここまでに示された諸家の見解の如何にかかわらず、いまのところ、結局は実証の限界の外にとどまらざるをえないであろうと思われる。

しかし、経済学史の広い流れのなかで、一八世紀中葉という近代的商品経済（→資本主義）のいちじるしい展開という時代的背景を共有しつつ、カンティロン、ケネー、スミスの三者がこれらにステュアートを加えつつ、相互にいかに響き合ったかは、むしろ理論的探究の領域として、実証的論定の限界を意識しながらも、証明すべき重要な問題の一つである。時代の生むすぐれた諸理論は、なんらかの径路で、相互に反発しつつもまた深く浸透し合う。この小論の目的は、とくに、リチャード・カンティロンとステュアートとの間に、正確にいえば（とうぜんに）後者に前者が、おそらくは間接的にながら、どういう浸透の関係をもったかを探ろうとする点にある。このばあい、ケネーやスミスもまた、もとより念頭には置かれるであろう。

二　『商業試論』の諸論点の概要

ジェヴォンズを継いだ『試論』顕彰者の重要人物がヘンリ・ヒッグズ（Henry Higgs）であったことも周知である。彼は一八八一年以来カンティロンについて書き[28]、翌八二年の「経済学におけるカンティロンの地位」[29]はマーシャルの評価をえた論説だが、[30]その編集した *Palgrave's Dictionary of Political Economy*[31]の「カンティロン」の項目の執筆には、自身のほかにエッジワースとステファン・バウアーとをも動員している。この事実自体がすでに当時の学界における『試論』の意義の認識を物語っており、したがってこんにちではこの古典に対するさまざまな分析と評論とが蓄積しているが、ようやく理論家ヒックスの発言に至って、カンティロンはいわば普遍的存在となった。すなわちヒックスはいう、「カンティロン、リカードウ、ケインズ、——彼らが共有したものは何か。彼らが共有したものには、きわめて重要な二物があった。これら二物とおなじものを共有した第一級の経済学者がほかにいたであろうか。／一つの相似点は、彼らがみな金融の実際家だったということである。彼らの誰もが自分の経験にもとづいて、外国為替取引の場で資産をつくる（また失う）道筋を知っていた。もう一つの相似点は、彼らがみなこういう経験を転じて理論モデルとしたということである。／ケインズのモデルは *demand-side model* であった。リカードウのそれは *supply-side model*、カンティロンのそれは両方のモデルであった。この両面ははっきりと示されている。したがってカンティロンを〔両者の〕共通の原型と見なすことができよう。[32]」

これは自在な判断だといえる。——しかし、わたくしのこの小論は一八世紀中葉という特定の時期にあっての『試論』という一古典への、またとくにそこからの、エコーを、『原理』にかかわらせて聴いてみることを目ざすにとどまるものであるから、ジェヴォンズ以降のカンティロンの分析・評価史はそのばあいの参考となるにとどまる。そうして、ここでの右の目的にかかわってとくに重要な近時のカンティロン研究としては、前記のマーフィーとブリューアとの両者、渡辺輝雄『創設者の経済学——ペティ・カンティロン・ケネー研究——』（一九六一）、津田内匠「一七五〇年代のフランス経済学の動き」(一橋大学社会科学古典資料センター刊 *Study Series*, No. 1, 1982)、同「フランス革命と産業主義」(成城大学経済研究所『年報』第三号、一九九〇)、同氏の緊密な「解説」をふくむ、『試論』の新しい訳業(一九九二)、さらに米田昇平「カンティロンの社会構成論——地主と企業者——」(『下関市立大学論集』三七ノ二、一九九三、九月)、およびこれに加えて、わたくしのこの論説で用いている『試論』の復刻版の Vademekum における J. Niehans の解説(一九八七)が挙げられるであろう。

渡辺のカンティロン研究は、右の『創設者』のうち二〇二ペイジを占める大作であって、副題の示すように、ペティとケネーとのいわば結節点にカンティロンを置き、『試論』に対する全面的分析をケネー研究の前提としようとするものである。[33] その分析は誠実かつ確実であるが、総体的にマルクスの歴史把握と経済理論とを固守しようとしている点、およびまだステュアートの存在が視野にはいっていない点が、この著作の刊行の時期のわが学界の限界を示している。[34] なおここで付言すれば、『試論』[35]はみずからそれがもともとは著者による計算《カルキュル》を示した付録 (Supplément) をもっていたことを語り、同時にペティやダヴナントの計算の架空性を批判しているが、[36] 残念ながらこの付録の発見される可能性は少ないとしても、ペティからアーサー・ヤングに至る政治算術の系譜のなかにもカンティロンを置きうることの、意義ある期待も残されているといえよう。

津田の訳業とそれに付された「解説——企業者とディリジスムの経済学——」とは、久しくフランス経済学史の開拓に一貫して努力し、カンティロンにかんしてはルアン市立図書館で『試論』の——本来の英語の手稿につぐフランス語での——手稿を発見してその全容を学界に示した、[37] 同氏の学的労働の結晶であり、本質的にはマーフィーやブリューアの個別研究を——とくに、理論的にはおなじく理論的な後者を——凌ぐ、重要な業績であるといえよう。

しかし、わたくしのこの小論は、前記のように、『試論』をめぐる一八世紀中葉における西欧の経済学界の、響き合うエコーのなかにとくに（後発の）ステュアートの『原理』を置いて、この期の学史をわずかな新しい光の下に見ようとするものであるから、以下には、このばあいにわたくしの必要とするいくつかの問題点だけが、『試論』から取り出されるにとどまるであろう。――

第一に、『試論』がペティとケネーとの結節点を成す最大のものは、周知のようにその富源論である。ペティは彼の『租税貢納論』で、「土地が富の母であるように、労働は富の父であり、その能動的本源（active Principle）である」(38)と述べたが、『試論』はその冒頭で、「土地はそこから富がひき出される源泉、あるいは素材であり、人間の労働はその富を生み出す形式である。そうして富それ自体は食料や日常の便利で快適な品々にほかならない」(39)と述べて、ペティに応じている。両者による富のこの規定は、富が商品一般＝労働生産物であるとする認識の表現であり、経済分析の基礎の把握を示すものであるが、両者ともこれを純粋に保持しつづけてはいない。すなわちペティでは、ここから労働価値説に至る線が延びる一方で、富＝商品一般のなかからとくに（土地とおなじく）永続性＝永続的価値をもつ金・銀・宝石等を選好し、したがって交易をつうじてそれらの永続的富をもたらすべき特別な労働を尊重している。こういう論理的推移ないし後退は学史的分析をつうじてよく知られているところであり、この、不滅の富の観念とその蓄蔵への要求とをさらに詳細に説明する必要はないであろう。渡辺は右のペティの見解の構成を古典的見解からブリオニズムないしマーカンティリズムへの後退であると定式化している。(40)これに対してカンティロンは、ペティの立言に照応するみずからの立言を敷衍してさらにつぎのように述べる、「日々の労働の価値は土地の生産力とある関係をもっており、ある物の内在価値《ヴァルール・アントランサク》はその生産に用いられる土地の量とその土地に加わる労働の量とによって計ることができるのだが、これを再び言い換えれば、その労働に従事した人々に割り当てられる生産物を産出するのに必要な土地の量によって計ることができる。[41]」――これは一見、不確かな表現によって、ペティの富源論に相応ずる土地・労働の二元論から、重農主義に転轍する土地一元論への変身と読めるために、『試論』からケネーへの連続を見る見解を養ってきた。しかし、『試論』のふくむ他の新しい諸説がなかったとするなら、ここでのペティからの後退がそのままケネーにつながるということはありえないであろう。津田は右の引用の「内在価値」に即して、それが後述の『試論』の「企業者」論によって富＝価値の本源にかかわる二元論を回復していることを指摘し、同時に他方では、カンティロン→ケネーの系譜が後述のような、地主の地代所得からはじまる貨幣・商品の国民経済的循環（circular flow）についての前者の創造的理論にも根ざすことに留意を要求している。なお、『試論』にケネーの「純生産物」の概念はないことも、そこで指摘されている。[42]

第二に、貨幣論が対象となる。これには二つの問題点がある。まず、さきにもペティに即して一言したような、貴金属貨幣を優越した富とする、前古典派的観念の存在であるが、貴金属に対する単純なフェティシズムからは、カンティロンはさすがに免れており、この点ではわずかにペティにまさるであろう。しかしカンティロンはいう、「諸国家の相対的な強大さを決定づけるように見える点はなにかといえば、……国家が年々の消費以上に保有する大貯蔵物〔諸商品〕である。しかも金銀をもってすれば、これらすべてのものはいつも国家の敵からでさえ購入できるのであるから、一国の真の貯蔵物は金銀であり、その現保有量の大小が必然的に諸国の相対的な強大さを決定するのである。[43]」また、「諸国家の力と富との差は、他のすべての事情が同じであるとすれば、そこでそのとき流通している貨幣の量が豊富であるか否かにかかっている。[44]……」――しかし、貨幣論自体としては、『試論』

の立論はその草稿よりのちに書かれたヒュームの『政治論集』(一七五二)のふくむ、貨幣数量説やその自己修正であるいわゆる連続的影響説(カンティロンの理解者ハイエクの命名)よりも、国民経済の規模における貨幣量の増減と物価の騰落とのかかわり、それらの現象と貿易差額の順逆とのかかわり等の論点において、いっそう詳密かつ現実接近的であって、貨幣数量説の歴史に巨歩を印するものである。(45) この論点についてはステュアートを論ずるにあたってのちにおのずから再説するであろうが、貨幣論とかかわる利子論についてはここでは割愛する。

第三に、自由放任の思想と『試論』との関係の深浅はどうであったか。カンティロンはその土地一元論と貨幣循環の地代からの出発論とに照応して、君主(=地主)の有効需要創出力を強調したが、(46)ここから君主ないし政府による製造業や外国貿易や海運の指導・強化の主張に転じた。(47) これはマーカンティリズム、ないし工業主義的マーカンティリズムへの帰結であって、われわれはここにむしろペティを想起するであろう。またペティについての、前掲の渡辺の論断を想起するであろう。こうして、津田によれば、「カンティロンの地主主導論は確かに重農主義の想源の一つであったが、彼自身の体系の論理に沿って言えば、それは労働配分論を経過することで、むしろ〈重商主義的〉転換を遂げるのである。(48)」津田はこの引用の前後では、「重商主義的」(傍点は引用者)という用語よりもむしろ、「ディリジスム」という用語を使っているが、そのことの意味についてはのちに一考したい。なお『試論』の外国貿易論では、二国間での工業製品と農産物との交換が前者の輸出国の側に有利なのは、後者の輸出国の側により広い土地の使用〔↓損失〕とより少い人口の存在とを結果させるからだと論じられており、(49) これはいわゆる foreign-paid income の説の特殊な説明というべきであろう。なおまた、『試論』では貿易外収支の存在に目がとどいていることにも、(50) 留意しておきたい。

第四に、外国貿易論におけるディリジスムの基調は、国内の経済諸領域における全き自由放任を許さないであろう。だが『試論』にとって当然と考えられるこの立場は、国内産業における競争の自由と外国貿易における保護とを特徴とした、イギリスでの「固有の重商主義」に対してはなんらかのニュアンスの違いを印象させるものである。しかも『試論』の総体、とくにその第一部第七章から第二部の終りまでの分析と叙述とは、高度に理論的であって政策論的でも制度論的でもない。また第三部の大部分を占める為替論・貨幣鋳造（鋳造貨幣）論・銀行論も、平静にまた客観的に述べられている。そうして『試論』を一級の古典としているのはまさにこの特徴なのであって、ここにもケネーへの道がはじまっているといえよう。しかも右の事実は、つづいて述べるように、カンティロンが彼の活躍した当時のフランスにおける、実質的に自由な小商品生産者たちの広汎な展開を、いわゆる「企業者」(entrepreneur)[51]の活動において（しかもヨーロッパ的規模でのそれにおいて）、捉えていたからであって、このかぎり、或る程度開明的な絶対君主制は結局は経済法則と商品生産者の活動とには逆らえないという根本認識が、すでに『試論』には示されていたというべきなのである。この「企業者」が利潤の創出という役割においてはまだシュンペーター流の Unternehmer でありえなかったことは当然であるが、彼らが地主とは別の、借地農・商人・製造業者（manufacturier）・職人・雑業者・知的労働者（画家や医者や弁護士など）たちのことであり、こういう彼らは地主や給与取得者とは別に、危険を冒して——というのはつねに「不確かな」——生計を営み、[52]相互に生産者であるとともに消費者であるような、[53]生産者大衆・商品生産者一般を意味することはあきらかである。要するに、「ヨーロッパでは企業者たちがみずから危険を冒して、物産（denrée）と商品との流通と交換と生産とを行う[54]」のであって、土地が地主のものであり、富の「源泉」であるとしても、商品生産の社会は、すでに一方で「企業者」たちの活動に支えられていなければならないのである。

第五に、『試論』の貨幣鋳造論と銀行論とについて一言ずつ触れておこう。カンティロンはその為替論のなかで、イギリスとちがって「フランスでは正貨の鋳造の費用が差し引かれるが、それはふつう一・五パーセントである。言い換えれば、フランスでは正貨の価格はつねに地金の価格よりも高く決められている[55]」という事実の効果についての知識を、有益に使っている。またカンティロンは、イギリスでの金・銀の比価の変化（本位貨である銀貨の価値の低下→摩損銀貨のみの流通）と貨幣流通の混乱とに対して、ロンドンの造幣局《ミント》での鋳造銀貨の、銀の市価に従った貶質を提唱した[56]。その理由はつぎの通りである。「金の価値の銀の価値に対する比価を決定するものは市価である。市価は金銀の正貨に与えられる価値の比率の根本をなすものである。もし市価がいちじるしく変動することがあれば、市場の規則に従って通貨の価値を改めるべきである。これを怠れば、流通に混乱と無秩序とが生じて、二つの金属のどちらかが造幣局で定められた価格以上のものとして、扱われるであろう[57]」(傍点小林)。

また第六に、周知のことだが、カンティロンは彼が一面ではそれを利用して巨富を得つつも本心では深く対立した、ジョン・ローのミシシッピ計画（いわゆる「システム」）については、おそらくは個人的理由のゆえに『試論』での言及を避け、イギリスの南海会社の事例をこれに代用しているが、彼の銀行論でのローへの一貫した批判はあきらかである。彼は「ロンドンの銀行」＝イングランド銀行を「最も重要な銀行[58]」とし、それをふつうには「非常に堅実な組織[59]」だとする反面、ローの私的銀行からそれがやがてフランスの財政的国策の機関と化して国債の受け入れと引き換えに銀行券の濫発に至った「王立銀行」(Banque Royale) には一言も触れていない。ともあれ、銀行の内部での支払準備の確保は『試論』の要請であって、単純な土地銀行――それはローの本来の構想ではあったが、[60]彼がフランスでそれを実現したわけではない――の提唱などは、もとよりカンティロンの顧みるところではなかった。

第七に、最後にとくに留意しておきたい問題点として、『試論』とケネーとのかかわりにかんしてふかく注目される、国民経済の成立要因としての、国民的規模における、貨幣・所得・商品の、諸階層間の循環――circular flow――という、おそらくは学史上はじめての重要な認識が、『試論』にははっきりと示されている。すなわち、そこではまず、「三つのレント〔ラント〕」(trois rentes)〔ないし三倍の地代〕という通念が紹介される。「借地農《フェルミエ》は三つのラントを生みださねばならないというのが、イングランドでの普通の考えである。すなわち、第一は、彼が地主に支払う主要な、そうして本来《ヴェリタブル》のラントであり、これは彼の農場の生産物の三分の一の価格に等しいと考えられる。第二のラントは彼自身の生計の維持と、彼の農場の耕作に使っている人間と馬との維持とのためのものである。そうして最後に、第三のラントは彼の手もとに残って、彼の企業(entreprise)に利潤をあげさせる(faire profiter)ために用いられるべきものである。／ヨーロッパの他の諸国にも、一般にこれとおなじ考えがある。[61]」ところで、この三つの(各自に等価とされる)地代は、国民的規模での流通をどのように司り、形成するのか。すべての地代の源泉は地主の土地にあることを前提として、[62]地主(ふつう都市に住む)は借地農から受けとる三分の一のラントで、(自己と)都市の生産者との生計を可能にする。ところで、一国の住民はその半分ずつが農村と都市とに分れて住むと考えられるから、地主に地代を支払ったのちに手許にある三分の二(六分の四)の地代から借地農が(食料以外の必需品のために)都市の企業者たちに支払う六分の一は、さきの地主の支出の三分の一と合わせて、土地の生産物の半分を成し、これで都市の人口が養われる。他方、都市の人口とほぼ同数とされる農村人口は、貨幣の介在を必要としない、農・畜産物の調達や、「借地農の利潤《プロフィ》をあげさせるために」(63)、すなわち彼の経営費の改善ないし維持のために、残りの半分を用いることとなるといえよう。——こういう着想と構想とは、『試論』の第一部第一二章「国のすべての階級とすべての人間は地主たちの出費によって生存し、あるいは富裕になる」・第一三章「ヨーロッパでは企業者たちがみずから危険を冒して、物産と商品との流通と交換と生産とを行う」、および第二部第三章「貨幣の流通について」で展開されており、ここに、地主の支出を起点とし、国民的分業を基礎とする、物資=商品の流通と貨幣の通流との略図が、すなわち経済循環が、学史上はじめて描かれたといえるであろう。——前述のように『試論』の「企業者」の概念には近代産業資本とその蓄積という概念はまだはっきりと結合してはいず(64)、また「純生産物」という概念もない。しかし『試論』の右の略図から人々がケネーの「経済表」に想到したとしても、それはふしぎではないであろう。『試論』のこの「流通の分析」はハーヴェイの血液循環の発見と比べられ(65)、またいっそう直接的に、「カンティロンの〈経済表〉」という表現を生むにさえ至っている(66)。こうして、さきに触れた『試論』の失われた「付録」にも思いをいたすとき、「経済分析の歴史において、ペティ=カンティロン=ケネーの連続関係ほど、それを看取し、理解し、心にとどめておくことの重要な連続関係は少いと言わねばならない」という、シュンペーターの主張(67)も生まれるのである。

三　対重としての『経済の原理』

わたくしはここで、はじめにしるした目的に従って、ジェイムズ・ステュアートの『原理』（第一・二編は一七五八―九年に、第三編は六〇年に成稿、全五編を一七六七年に刊行）を登場させる。すなわち、ステュアートが直接にはカンティロンの『試論』を読まなかったこと、またミラボーを通じての『試論』からの間接のルートも明示しがたいことを、学史家がいまの研究段階では教えてくれているとしても、『試論』とそれにつづいて西欧の文筆界に提供された――しかし『試論』よりもいっそう長い間忘れられていた――大作である『原理』との同世紀的かかわりの有無ないし様相を検討することは、こんにちの学史研究の新しい課題だからである。しかも、ステュアートは、長年にわたる亡命者として故国スコットランドを離れ、西欧諸国（とくにフランス）を遊歴し、『原理』もフランス語で書きはじめたと言われている(68)のであるから、カンティロンとステュアートとの間には経歴上の相似がある。

もとより、長期間学史のごく片隅に在った『原理』の復活ないし再認識は、それがいまようやく緒につきつつあるとはいえなお巨大な労力を必要とする作業であるから、わたくしは以下では、前節に略説した『試論』の諸特徴に対比し対応させてのみ、『原理』の理論的諸特質について――と言うのはつまりこの両古典の積極・消極の（ただし時代的・間接的な）かかわりについて、指摘をこころみるにとどめるであろう。

第一に、ペティ↓カンティロンの、土地と労働との二元的富源論を連想させる立論は、『原理』の展開中にも見いだされる。もっともそれは、独自の「富のバランス」(balance of wealth) 論というものに変形されて、しかも独自に価値論と結合して、表明されているものである。「消耗する財貨の部類には、貨幣が購入しうるいっさいの有形物――但し貨幣と土地とは除外される――が含まれる。ここでは二つのものが注意を引く。第一は単純な実態ないしは自然の産出物であり、もう一つはその改変ないしは人間の働きである。わたくしは前者を内在的価値（intrinsic worth）、後者を有用価値（useful value）と呼ぶことにしよう。前者の価値は、そのすでに受けた改変が完全に終わってしまったあとでの、その有用性に従って常に評価されなければならない。また、物の性質からして両者が同時に消費されなければならないときには、その総価値は両者の合計である。後者の価値は、それを生産するために費やされた労働に従って評価されなければならない。／……〔一般の製造品とはちがって〕精巧に作られた銀器には内在的価値がそのままに、しかも有用価値とは無関係に存続するのであるが、それは、改変によってそれがいささかも失われることがないからである。内在的価値は、したがって、常にそれ自体として実在しているものである。また〔各製造品への〕改変のために費やされる労働は人間の時間の一部を表示するのであり、この時間が有効に用いられたのであれば、それはなんらかの実体に形態を与えたのであって、この形態が実体を有用ならしめ、装飾的にし、……間接であれ直接であれそれを人間に適合しうるものとしたのである。[69]」そうしてこの判断によれば、貨幣（貴金属）および土地以外の諸商品は、その使用によって（素材の）内在価値も（財貨としての）有用価値も、遅速の差はあれいずれも減少するのだから、貨幣（ないし土地）と一般商品との交換は、個人間の富の均衡を変化させ、そこに「富のバランスの振動（vibration）」をひきおこす、という認識が生ずる。[70]

右の「富のバランス」の理論は、『原理』のなかではさまざまな局面と関連し、それにもかかわらず理論体系の創始者に免れがたい awkward な理論であるが、ともかくもここでの引用から、富源論にかかわって『原理』では母なる大地への関心が薄らいでいること、はじめから貨幣への関心が混入していること、またやや遠く時を隔ててペティでの労働「時間」への着目がともかくも復活していることを知りうるであろう。『原理』は、原則として独立商品生産者によって――ただし地主の存在を前提として――形成される経済社会の構成と運動と、さらにその歴史的展開とを詳密に描き切っているが、前述の価値論での時間への着目を価格論に移して、その内容をつぎのように要約している。「〔交易《トレード》の一般化の〕結果として行われることは、財貨の価値を決定し、原価（prime cost）と販売価格（selling price）との相違を明らかにすることである。前者は、費やされる時間《タイム》と職人《ワークマン》の経費と原料の価値とに依存する。後者は、これらの総計に、譲渡にもとづく利潤（profit upon alienation）を加えたものである。価格のこれら二つの構成部分、すなわち費用《コスト》と利潤とを厳格に区別することは重要である。[71]」

以上の『原理』の論述にはさまざまな問題とそれに対する解釈（→論争）とがあり、また『試論』の主張を顧みさせる諸点があるが、それらは後述のところでおのずから言及されるであろう。

第二に、貨幣論とそれにかかわる外国貿易論との領域において、『原理』はさまざまな点で『試論』を想起させる。まず、「重金主義と重商主義との合理的表現（der *rationelle* Ausdruck des Monetar-und Merkantilsystems）」とマルクスが意味深く表現したステュアートの大冊は、[72] さきに知った「富のバランス」の理論に従って外国貿易差額のプラスにもとづく貴金属の流入の意義を重視し、これにかかわって貿易外収支にも十分目をとどかせているが、この著作にはすでに貴金属に対するフェティシズムはない。「鋳貨はわれわれの富のうちの一品目ではあるが、富の尺度ではけっしてありえないのである。[73]」また、こうしてフェティシズムから解放された者にとっては、たんなる人口増加→国力増進の観念の否定とならんで、貿易上の覇権を求めての戦争も、「野心のおろかさ[74]」として否定される。「ヨーロッパの人々の精神に生まれた変化の全体を考えてみると、戦争が現代国家の繁栄と両立しないことほど明白なことはない[75]……。」このかぎりでは、ステュアートの抱いていた思想は、インダストリ

（後述）とトレードとにもとづく汎ヨーロッパ主義とも呼びうるであろう。——なお、『原理』は土地担保発券銀行の構想を慎重に練り上げて、国内での貴金属貨幣の通流をできるだけ排除（節約）しようとしたし（いわゆる paper money mercantilism）、また外国からの借入れに対してはむしろ大胆であった。

わたくしはさきにカンティロンについて、その『試論』が「貨幣数量説の歴史に巨歩を印するものである」とするした。しかし右の歴史にあっては、モンテスキュー＝ヒュームの数量説への十分に意図された批判として詳細・精緻に展開され、マルクスによってとくに高く評価された、『原理』の貨幣理論こそ『試論』にまさる重大な意義をもつものであることは、すでに学史的常識というべきであろう。そうしてなによりも、『原理』にあっては、数量説の批判は著者の貨幣的経済分析→貨幣経済への具体的接近という方法と態度とに深く根ざすものだったのである。

カンティロンに独自の数量説ないし数量説批判は、『試論』の第二部第六・七・八章にわたって詳細であり、それと『原理』のおなじ対象についての論述との相似もいちじるしい。『試論』のこの部分の特徴は、貨幣量の増減がただちにそれに機械的に相応ずる物価の騰落を引きおこし・その増減の原因が貿易差額のプラスないしマイナスであるばあいには、この順逆の状態は自然に復旧される、したがって、貨幣量の増減は経済の実態に対しては中立的である、という理論を採らないという点にあった。カンティロンはこの点を、ロックの数量説への批判として意識し、つぎのように述べている。「いまもし、国の貨幣の増加が諸外国との貿易差額から生じるものとすれば……、この貨幣の年々の増加は国内の大多数の商人や企業者を富裕にし、また大量の職人や労働者に仕事を与えるだろう。彼らは外国に送る加工品を供給し、外国からこの貨幣を引き出すのである。こうして、これらの勤勉な住民の消費はしだいに増え、土地と労働との価格もしだいに高くなるだろう。……大多数の住民が、恒常的に年々国内に入ってくる、この貨幣で莫大な財産を獲得したときは、彼らはかならず自分の消費を増やして、あらゆる物の価格を高くするだろう。[76]」しかし一方、外国貿易におけるプラスないし平衡は、土地生産物の輸入と引き換えに工業製品を輸出する国では、また海運の盛んな国では、久しく続きうるであろう。[77] しかも、自国の貨幣の豊富は（土地の広さを基準とする比較で）職人の労働の価値を高めるから、他国との取引を容易にするはずであるし、戦争や紛争のばあいにも大きい戦費の調達を容易にするのである。[78]――しかし、「諸国家の相対的富はそれぞれの国が保有する貨幣の量に主として存するとわたくしはいつも考えているのだが、国内の富が最高調に達すれば、そのばあいその国は通常のなりゆきからして (par le cours ordinaire des choses)、またもとの貧窮に陥らざるをえなくなるだろう。[79]」だからここに、困難を自覚しつつもかなり広範なディリジスムが要求されることになる。「ある国が貿易によって勢力を拡張し、豊富な貨幣が土地と労働との価格を上げすぎるようになると、製品の過度な価格高騰を予防し、かつ奢侈の不都合を防ぐために、君主または立法府は貨幣を引き揚げ、それを不測の事態に備えて保管し、強制や欺瞞の手段以外のあらゆる手をつくして貨幣の流通を遅くするように努力すべきであろう。[80]」――しかし、『試論』がはじめて示した貨幣量と物価と外国貿易収支とのかかわりの具体的関係は、ここに見たように、貿易差額のプラスの要求や、それにもとづく広範な貿易・産業統制の主張を展開させるものではなかったし、他面ではまた、国家の永続的繁栄という見通しに対してはむしろ否定的であった。だから、『試論』のこの領域での立論は、その草稿の段階で、ヒュームに先立って彼の数量説（そこには貿易差額のプラス→物価の漸騰という認識〔連続的影響説〕もふくまれていた）や、諸国家世界での経済的興隆・衰頽の必然的交替という史

観を、すでにたっぷりと表現していたということができよう。(81)

ところで、こんにちではすでに周知のように、『原理』におけるヒュームへの批判は、もっぱら後者の数量説の機械論的・非現実的な正面部分――すなわち貿易収支の順逆→貨幣の増減→それに比例する物価の急速な騰落→貿易収支の逆転という理論と、これにもとづく、諸国家間での貨幣保有量の結果的平均化という認識、および貿易収支のプラスを求める諸政策の無力の強調――に対する全面攻撃を特徴とする。ステュアートの体系は、彼に独自の人口論、すなわちインダストリ（勤労、後述）による農業剰余の成立→これに向けられる為政者（statesman）の側からの「有効需要」（effectual demand）(82)の補完的提供→農工分離と商品・貨幣経済との成立と展開→農村過剰人口と貧窮との漸次的減少→適度人口の実現という過程を、歴史的に認識し理論的に立証しようとする着眼を前提としていた。だから古代以来の貴金属の流通についてのユニークな叙述があり、また外国貿易論の部面でのバランスのプラスの一貫した要請があり、進んでは前述の paper money mercalrilism の詳密な構想がある。そうしてそれらはみな、貴金属（＝貨幣）の退蔵（流通界からの長期的不在の選択）を拒否してそれを流通に引き出すことを目的とするものであった。この大目的に対しては、さきの「富のバランス」の理論も、その一面に貴金属へのフェティシズムの感覚を残すかぎり、モネタール・ジステームの名残りとして『原理』の体系にとっては不整合の部分を成している。そうして有効需要の維持・拡大という一貫した目的は、また『原理』の全体に、為政者による細心・緻密・広範な政策的介入の必要を求めさせるのであって、『原理』を『国富論』の陰に永く置かせたものは、前者のこの特徴であった。貨幣の右の退蔵に対しても、ステュアートの数量説批判は根本ではこれを拒否しながら、貿易バランスのプラスをマイナスに転じさせないためには、退蔵を目的とする政策的介入がむしろ要求されるのである。――だが、『原理』と『国富論』との対立が、いわゆる重商主義対古典学派の対立にはとどまらずに、ディリジスム対（経済的）自由主義という、最も広大な思想的・理論的世界での対立であることについては、ここではとうてい十分には論じることができない。しかし――

第三・第四に、経済自由とこれに対する統制とのかかわり、すなわち『原理』の方法の根本については、この古典の第二編の序言に独自のニュアンスで語られている。すなわち、「利己心（self-interest）の原理は、この研究をつうじて普遍的な鍵の役割を果たすであろう。しかも、これはある意味ではわたくしの主題の支配的原理と考えることができ、したがって、全巻にわたってその所在を確認することができる。それは、為政者が自由な国民（free people）を、彼らを統治するために立案した計画に協力させようとするさいに利用すべき主要なばね《スプリング》であり、また唯一の原動力でもある。……／社会を統治し、あらゆる人間を一つの計画に応じて行動させる最善の方法は、為政者《ステイツマン》が、すべての個人の利益にできるだけ矛盾しない行政のシステムを作り上げることであり、さらにまた、……その国民が私的な利益以外の原理によって行動するようになるものとは夢にも考えぬことである。……／公共心（public spirit）は、わたくしがこの主題〔統治――小林〕を論ずる方法からすれば、為政者にあってこそ全能でなければならないのだが、おなじく、統治される者にとっては余計なものである。……すくなくともそれは、ひとたび十分に根づいた宗教における奇蹟とまったくおなじ程度に、余計なものである。両者とも初発においてこそ嘆賞すべきものではあるが、それがひきつづいてごく普通のありふれたことになってしまうとすれば、なにもかもをすべて弛緩させてしまうだろう。奇蹟が毎日のように行なわれるならば、自然の法則はもはや法則ではありえないであろうし、また、あらゆる人間が公共のために行動して、わが身をおろそかにするならば、為政者は困惑してしまうであろう。[83]」

これは一面では、シュンペーターふうの方法論的個人主義の表白であり、このように「普遍的原理としての自由を容認する一方で、現実接近における政策的調整の必要を強調したJ・ステュアートにとって、自由と保護は二項対立的関係にあるのではなく、経済的自由主義の各々の政策的側面を表すものと考えられている[84]」という妥当な判断を生む余地を与えるとともに、また同時に一面では、故国から久しく追放されていた貴族ステュアートの、歴史的ペシミズムと個人的シニシズムあるいはニヒリズムとの表現であるともいえよう。ともあれ、理論的な大体系がその建設者のフィロソフィカルな思想をにじませている点で、『原理』は『試論』とはことなるのである。ステュアートがリュクルゴスのスパルタを冷静に描いてこれと近代社会の原理とを対比させたのも[85]、また、「……現代の制度がどの程度まで古代のそれよりも望ましいものであるかを検討することは、わたくしの仕事ではない。……古代の単純さを呼び返し、人類を正直で有徳な存在にしようとするもくろみは、うるわしい思索である。わたくしはそれを賞賛する点では人後に落ちないが、それがこんにちの堕落した時代においても現実性があるとはとうてい信じられない[86]」と言い切ったのも、彼のニル・アドミラリな態度にもとづくものであった。

スミスの「見えない手」に対するステュアートの「公平な手」(impartial hand)[87]ないし「巧妙な手」(skilful hand)[88]——為政者の——は、だから、世界史の流れを不可避と見てそれに順応的に棹さそうとする手にすぎず、この表現は為政者の万能を強調しようとする言葉ではない。為政者はその立場と経験とから学者よりも深く現実を知っていることもあろうが、他面、彼は新しく世界市民(citizen of the world)[89]の立場から構築されつつある経済学(political economy)という学問によって導かれることも期待されるであろう。そうしてこの学問では、超越者は放逐されているのである。「公平な手」のもとに生活する『原理』の国民大衆《ピープル》は、イギリスではもとより、絶対主義下の西欧大陸諸国にあっても、商品経済の担当者としては実質的にすでに自由を享受している。『試論』においてと同様に『原理』の価格論は、それ自体が自由競争を前提としなければ成立しないものである。――『原理』の政策的介入はその貨幣的分析の立場から『試論』のディリジスムよりははるかに詳密であるが。すでに『試論』において知り、やがて『原理』に即しても検討するような、circular flow の構図も、商品の自由な流れを前提としつつ、現実のものとして（しかしケネーの立場からでさえもそれへの反省が加わる）描かれたのであった。『原理』がモンテスキューから享けた「国民の精神」(spirit of a people) ――それは各国民のモラルと政治《ガヴァメント》と生活様式《マナーズ》との上にそれぞれ個性的に形成される――を尊重しながらも、(90) 同時に他方で「現代」(present times) の精神」・「近代」(modern times) の精神」・「自由の精神」・「ヨーロッパ的自由の精神」・「インダストリの精神」等々の語を多用し、またそれに相応じて free men : free nations : free people : the industrious free : free, industrious, and laborious Europeans : modern system of trade and industry 等々の語を頻用したのは、(91) この世界史的基本認識にもとづくものであった。

右に示されたインダストリの語は、広い「勤労」ないし自発的勤労という意味ではやや長い歴史をもち、フランスでもムロン以来この語がしばしば用いられたが、カンティロンはこれをほとんど用いず、わずかに l'industrie des habitans, habitans industrieux などの用法が孤立して見られるのみのようである。(92) しかしフィリップ・カンティロンはこれをやや多用し、『原理』はこれに最も明確で独自の規定を与えた。(93) すなわち、「インダストリとは、交易《トレード》を通じてあらゆる欲望の充足に対応できる等価物

(equivalent) を手に入れるために、自由な人間によって行なわれる創意ある労働 (ingenious labour) のことである。／……インダストリは、なおまた、レイバーとは別のものを意味する。インダストリは、……自由意思に発するものでなければならない。ところが、レイバーは強制されることもある。……／インダストリはそれゆえ、自由な人間にだけ適用されうる。レイバーは奴隷によってなされてもよい。／……／増殖の三原理、すなわち奴隷制、インダストリ、または慈善のどれか一つに支えられなければ、大地の自生的な果実に比例する以上に多数の人類を、相互に役立つようなかたちで生存させてゆく可能性はなかった。……奴隷制とインダストリとは人間の利己的な本性に十分に合致し、したがってどの社会にもほぼ定着しうる。これに対し、慈善は人間性を浄化したものであり、したがってまったくあてになりえないと思われる[94]」(傍点小林)。だが、インダストリには自由以外にもう一つの特質が具備されていなくてはならない。すなわち、「インダストリという観念には、保証された生活だけでなく、なおそのうえに一定の利潤 (certain profit) が含まれなければならない。[95]」――これで知られるように、the industrious free = 近代の独立生産者は一定の「利潤」をも生むであろう。

だが、この「利潤」が蓄積されて資本・賃労働関係が成立するという論理は『原理』にもない。いな逆に、さきに知った「富のバランスの振動」の理論は、ここでの「利潤」(ただし正貨での)が順次に人々の手を通過し流通することによって、すなわち誰の手にも止まらないことによって、商品・貨幣経済の規模が保たれるという、独特な判断を示しているからである。そうして、カンティロンにおける企業者も、ステュアートにおける右の勤労大衆の姿と相似ていることが理解されるであろう。ただ、『試論』には『原理』における「富のバランスの振動」のような不自然な理論はなく、総体的に見たばあいの企業者＝勤労大衆の貧しさの認識と、彼らの「創意」への認識の不足とが、むしろ目立っているのではあるが。だが一方で『原理』には、その「富のバランス」の理論にもかかわらず、また利潤を「譲渡〔売り渡し〕利潤[96]」とする観念にもかかわらず、広範な競争が「価格の変動を買手と売手との双方の妥当な利潤（reasonable profits of both buyers and sellers）」（傍点小林）の範囲に定めるという表現[97]に到り着いているし、この利潤が「富のバランス」にかかわる「相対的利潤[98]」（relative profit）に対する、「誰のどんな損失をも生まない」「積極的利潤」（positive profit）であり、「インダストリにもとづく利潤」（profits upon industry）だと明言したのであった[99]。そうして、ここからむしろ当然に、高価な固定資本を用意して手間取り職人《ジャーニーメン》らに継続的雇用を与えつつ彼らと「利潤」を分け合う親方《おやかた》の姿が隠見することとなる[100]。この認識からテュルゴーへは一歩であり、そこからまたスミスへは一歩である。

わたくしは『原理』での利潤の認識と、故国に帰りえてからステュアートが目にした、勤労大衆の富の増加がこの古典の財政論に与えた影響とについては、ここでそれを論述する余白をもたない[101]。ただ、『原理』においてはインダストリはたんなる労働とは違ってまだ「たのしみ《プレジュア》」であり[102]、また「富のバランス」の波及的振動は富者の富の分散であり平等の回復であるという思想を示すものであったことを、ついでに指摘しておきたい[103]。

『原理』にあっては、生産者大衆の自由という事実と観念とは、国民的規模での商品生産の展開、すなわちほぼ絶対主義的諸国家（モンテスキュー的近代君主国）の成熟とともに成立したものである。したがってこれらの諸国家にとっては、商品経済→商品生産者たちへの為政者の恣意的介入は、しだいに、あるいは急速に、不可能となる。これは世界史的過程の産物であって、封建時代を経てそこに成立した「近代経済の複雑な体系」・「商業とインダストリとの近代的体系」は、「一般的な黙約」

(general tacit contract) にもとづく「自由で完全な社会」なのであった。[104] だからこの過程はみずから、どんなに専制的な近代君主の権力であろうとも、それを制限する力を有する。彼の権力は以前には楔のように堅くて強力だったとしても、やがては時計のように繊細で壊れやすいものに対すべき力となった。ここでは経済過程は「きわめて柔らかい手」[105]によって、それが均衡過程から外れたばあいには修復されなくてならぬが、そういう実質的に自由な近代の経済自体は、「専制政治の愚劣さを抑制するためにこれまでに考案された、最も有効な馬勒《ブライドル》なのである。[106]」しかもステュアートにとっては、為政者にさまざまな人間的欠陥のあることは事実だとしても、それへの対処は政治学《ポリティクス》の別の分野に属することがらであった。[107]

第五に、『原理』はその詳細・執拗な貨幣(貴金属正貨)制度と貨幣改鋳論[108]とのなかで、イングランドでは造幣料が無料であることを指摘し、これを有料なフランスの制度と比較して、この相違が両国の為替取引のばあいにイギリスの側に不利を来たすという事態を指摘しており、この点では『試論』と認識をおなじくするが、イギリスにおける鋳貨(金・銀貨)制度の大きい混乱、ことに銀貨の軽化・減少[109]という、銀本位制の存立にかかわるヨーロッパ的規模の内部で生じた問題についても、『試論』と『原理』とでは、結論の点で大きい隔たりはない。イギリスにおけるこの問題は名誉革命以後にきわめて深刻な重みをもち、ロック(銀正貨の法的標準の回復・実現→新たな重鋳銀貨の提供)とラウンズ(W. Lowndes, ——銀鋳貨の標準量目を現実の量目にまで引き下げる。ただし改鋳を求めない)の対立→ロックの案の採用→失敗以降、新たにハリス(J. Harris, *An Essay upon Money and Coins*, 2 parts., 1757–58)[110] 対ステュアートの論争として復活した。このばあい、ハリスは金銀の両者のうち、現存する法律に従って銀のみを他のあらゆる物の標準尺度(standard measure)であるとし、したがって銀貨のいっさいの軽鋳を拒否して、崩れゆく銀本位制を支えようとしたが、『原理』はこれを批判して、金銀複本位制の現前とその不可避の混乱とを見きわめたうえで、ラウンズ的な本位（ただし銀）の引下げによって、複本位制の重点をむしろ金本位制の方向にむけようと主張したのであった。このばあい、ステュアートの関心の底には債務支払者（多くは地主）の利益の擁護があり、それがイギリスの為替相場の不利を債務支払の立場から指摘するという立場ともつながっているのである。『試論』は、一六九九年に造幣局長官となった科学者ニュートンの複本位制立案――金正貨ギニの、銀価格に合わせた引下げによる――を批判してすでに銀標準の引下げを説いているが[111]、彼がつづいて論じたところはフランスの幣制についてであったから、『原理』段階でのイギリスの本位制の混乱と、これに対するステュアートのさまざまな提案とを以って『試論』のむしろ簡潔な議論と対比することには、多くの困難が伴わざるをえない。ただ、当面の問題について一言しておくべきことは、『原理』の第三編「貨幣と鋳貨とについて」(Of Money and Coin) の曲折をきわめた行論が、ステュアートに独自の「計算貨幣」(money of 'account') 論を冒頭に置いての展開だという点である。これはマルクスによって「貨幣の観念的度量単位説」(die Lehre von der idealen Maßeinheit des Geldes) の標準的・代表的表現とされたものであるが[112]、この計算貨幣論はそれ自体の観念性のゆえに、『原理』の後続の貨幣制度論をいちじるしく錯綜的かつ難解としたのであった。

第六に、『試論』がその著者の個人的・公的な理由から、著者みずからの関与しかつ反発したローのシステムへの批判を深く秘めていたことは周知のところだが、ローの一貫した主張の公的出発点であるその著 *Money and Trade considered*, 1705（前出。これは、手稿の '*Essay on a Land Bank*', 1703–4. Ed. by A. T. Murphy and publ. in Dublin, 1994 を先立てている）に端的に示されていた土地銀行論――彼の母国スコットランドで、議会の権威に頼りえて土地を抵当とする信用証券（銀行券）を発行すれば、それは貴金属貨幣にもまさる安定的価値をもちうると主張した――の内容と、彼がフランスに渡ってそのいわゆるシステムの端緒を成した Banque générale の特許を一七一七年に得たとき、この銀行は（フランス側の与えた制約によって）けっして土地銀行の実現ではなかったという事実とを、混同せずに理解しなければならない。パリに設立されたローの銀行は、株式発行による資本と豊富な準備金とを擁した「私的・商業的信用」の機関として、健全というべき銀行であった。その銀行券は改悪されたフランスの新鋳貨に対しては逆打歩をさえもち、この国の経済不況に回復の方向を与えはじめていたのである。(113) それ以後のいわゆるミシシッピ・スキームの展開は、フランスの公的債務の返済のためにローの銀行を取り込んでそれを利用した、王権（オルレアン公）の暴走を示すものであり、それはローの本旨ではなかった。ステュアートは同国人ローを擁護しつつ、このミシシッピ・スキームの経過のすべてを、その諸段階における政策的判断・立案の誤りの指摘と、それらのばあいに採るべきであった、正当と彼の信じる方策・対策の明示とともに、詳細に描き出している。(114)

これは『原理』自体の、ローの土地銀行案を継いでそれをはるかに慎重に練り上げた、土地担保発券銀行の計画図を、ミシシッピ・スキームへの批判からの飛び火に対して守るためのものでもあった。『原理』はその有効需要重視→paper money mercantilism の立場から、イングランド銀行よりも一般的にはむしろ安全だと彼の信ずる、新構想の銀行の設立を提唱したが、(115) それによれば、時に応じて国家の認可のもとでの、㈠信用のある人々による設立資本の集積、㈡彼らによる銀行券（象徴貨幣）の発行、㈢土地を担保とする、地主たちへのこの銀行券の利付貸出し、がこの銀行の業務であり、このばあい、(イ)借り手の地主たちの土地には小作料の継続的支払いが予定されている点、(ロ)ここからの、銀行への継続的利子支払いは、そもそも私的には貸付けの目的自体と理解されていた点、(ハ)利子支払いには正貨を以ってするばあいが（も）拒まれていなかったから、銀行は十分な支払準備金を持つに至ると判断された点、(ニ)この銀行には政府の保護が期待されている点、(ホ)一般の商業信用は、この銀行と個人とからの借入れとを用いて、担保を要求せずに信用を与える「下位の銀行業者」(subaltern bankers) の手によって行われる、とされている点、等に留意すべきであろう。なお、貿易の逆バランス分の支払いはとうぜんこの銀行の責務となるが、これに対しては外国からの借入れが可能だと判断されている。――以上を知れば、ステュアートがローの志を継ぎつつも、いわゆるローの「システム」とはほとんど無縁の信用思想をもっていたことがあきらかであろう。事実、『原理』は、銀行（ここでは Banque générale）の準備金と国（フランス）に存在する全貴金属とを混同し・後者でミシシッピ・スキームを支えうると判断した、フランスの経済学者（とくに Dutot）を辛辣に批判しているのである。[116]

第七に、これは『試論』と『原理』とを対比するにあたっての重要な論点であるが、さきに示したいわゆる「カンティロンの〈経済表〉」、彼の circular flow の構図が、あきらかにステュアートにも――ケネーの「原表」の公表とはほぼ時（『原理』第一・二編の草稿の成立時）をおなじくして――粗いスケッチとしてながら示されている。

まず、『試論』に見られた「三倍のラント」の説は、そこでは前記のように「イングランドではふつうの考え」であり、「借地農は〔この〕三つのラントを生みださねばならない[117]」とされていたのだが、『原理』に即してこの観念を見れば、借地農《ファーマー》とは『経済表』が理想的に描いた近代的大規模借地農ではなくてむしろ広汎な事実上の独立農民→ freeholder たちであり[118]、ここでも土地の生む価値的剰余一般がすなわちレント（ラント）であって地代の支出そのものよりも広義の概念であることが知られるであろう。[119] ステュアートはその体系の冒頭で、カンティロンをも経た同時代の社会科学的風潮に従って人口論を——ただし農工人口分離の促進論を主眼として新たに——展開しているが、このばあい、イングランドの事情が（文献的に）取扱い易かったため、やや古いペティやダヴナントの政治算術の成果を間接的にながら利用しており、これらの成果はまた、G. King, Natural and Political Observations and Conclusions upon the State and Condition of England (manuscript, 1696) の示すところのものであった。そうしてここでキングがイングランドの諸階層のおのおのの収入と支出とを算出した「表」によれば、カンティロンにおける fermier →ステュアートにおける農業者 = farmer がむしろ独立農民——もとより日雇労働者を使う——であること、rente = rent が彼らの第一次的全収入であることが、容易に理解される。また「三倍のレント」の説は、前述のようにイングランドでもふつうの意見とされ、[120] カンティロンからハリスを経てほぼA・スミスにまで継承されたにもかかわらず、[121]『原理』に見られるものは、むしろ「三個のレント」というべき、厳密な量的構成と比率とには関心のない概念である。

さて『原理』においても、レントのうち農産物剰余を出発点として経済循環の道すじがたどられる。ここでは、成立した農工分離の状態は、一方に勤労的なファーマーと、他方にこのファーマーの産出する余剰（食料・原料）のゆえに生存と生産とがともに可能となるフリー・ハンズ（free hands = 土地に縛られない人口）とによる第一次的な社会的分業の状態であり、この後者 = フリー・ハンズには、勤労的な工業生産者と商人たちとのほかに、地主階級が含まれる。カンティロン↓ケネーの伝統と違って、ここで地主がいわば第一の階級として独立していないこと、さらに地主の支出が循環の起点として、また循環の規模と内容との決定者として特別には重視されていないことは、ステュアートに与えたヒュームの『政治論集』の影響によるものであるが、それとともに、それはまたキングに示されたイギリス経済の現実であったであろう。――『原理』の体系の全体では、地主からの有効需要＝奢侈（luxury のための支出）は経済の運行に対してきわめて重大な意義をもち、為政者の役割もこの有効需要の促進をむしろ主眼とするものであったが、ともあれ『原理』は、そのはじめの人口論↓農工分離の展開論のなかでの短い第八章「住民のうちの何割が農業に必要であるのか、そうして何割がほかのすべての職業に有効に就業させられうるのか」で、その独自のレント論をつぎのように述べる。

「……きわめて確実なことであるが、つぎの三つの主要な項目を差し引けば、レントはすべてそれぞれ〔穀物畑と牧場〕の総生産物にかなり正確に比例することになる。／それは第一に、ファーマーやその家族や使用人の栄養物である。／第二に、製造品や土地を耕作するための機具にかかる、その家族の必要経費である。／第三に、それぞれの国の慣習に応じた、彼の適正な利潤（reasonable profits）である。／以上の三項目のなかで、どの部分が〔土地〕本来の生産物の直接の消費を意味することになるのかを、そうならない部分と区別してみよう。／その第一種に属するものは、人間や家畜の栄養物、衣服を作るための羊毛や亜麻、燃料、その他のこまごました品目である。／第二種に属するものは購買されるあらゆる製造品、使用人の賃銀、臨時雇いの労働者の報酬《ハイア》、それに利潤であって、利潤は奢侈品（すなわち余分なもの）に費やされたり、貸付けられたり、あるいは貯蓄されたりする。／右に述べた三項目（それを二種類に分けたが）が総生産物から差し引かれると、その残余の価値は土地の〔――小林〕レントを表わす(122)。

『原理』は当の第八章で、著者がペティやダヴナントの計算を利用してそこで行なった、イングランドでの穀物・畜産物の消費量、それにかかわっての右のレントの分析、等を、むしろたんなる例示と称してみずから軽視しているが、(123)ここでは当面の問題意識から、右の引用を『原理』自体の諸叙述と合わせて仮りにそこにステュアートにおける経済循環のプロセスを構想するとすれば、ほぼつぎのようになるであろう。(124)

(イ)ファーマーはその農業剰余の一部、すなわち右の引用の終りでの「残余の価値」を貨幣地代《レント》として地主に支払うが、仮にここを出発点として、(ロ)地主はこうして得た「価値」＝貨幣の一半でファーマーから農産物を、他の一半でフリー・ハンズ中の勤労者から工業製品（多くの奢侈品を含む）を買う。(ハ)ファーマーは食料・原料を自給し、(ニ)勤労的フリー・ハンズは地主から得た貨幣でファーマーの手に残る食料と原料とを買う。(ホ)一方ファーマーは、地主と勤労的フリー・ハンズとのそれぞれから得た貨幣の一半で、勤労的フリー・ハンズから工業製品を、すなわち自家用・農業経営上に必要な家具・用具等を買い、(ヘ)他の一半で農場での労働者に賃銀を支払う。(ト)さらに、すべての勤労者(the industrious)の労働は「利潤」を生むから、彼らの間にも当然、奢侈品の交換・流通が見られる。(チ)農業労働者も、その賃銀で農産物と工業製品との一部を買う。

国民経済のいわば外枠の措定は、早くトマス・マンの全般的貿易差額説に見られるが、国民経済の内部構造と運行とを支える再生産論は、それが資本主義としての circular flow をともかくも図示する『経済表』に結実する以前に、ロックの貨幣論での素朴なこころみを手始めに、(125)カンティロンにおいて数量化への関心を加えられ、まさにケネーと同時代においても、経済的自由主義への深いシニシズムのゆえに正面から詳細には（また数量的には）取り扱われなかったとはいえステュアートの大作のなかにも、右のようにその素描が（しかもカンティロンのばあいとちがって農村内部での実物流通にはすでに関心を失ったかたちで）示されているのである。『原理』のこの局面は、ステュアートへの理解が深まるにつれて、まずわが国で、田添京二の論説「ステュアート蓄積論の基礎構造」によって開拓され、それへの批判を経て展開されているが、[126] これに遅れて Hong-Seok Yang の前掲の著作 *The Political Economy of Trade and Growth. An Analytical Interpretation of Sir James Steuart's Inquiry*[127] が、その巻頭に四枚の図表を以って、しかも別にカンティロンとケネーとへの対比を示しながら、『原理』における '*The circular system of production, distribution and consumption*' の構造を描いている。この、むしろ『原理』の「現代〔理論〕的翻訳[128]」というべき著作では、著者がカンティロン→ステュアートの直接的継承を信じていたため、[129] かえってこの学的関心が生じたように思われる。

四　余論

理論的に鋭利で透徹した、サイズの点でもまとまりのよい『試論』と、きわめて一貫した体系ながら各所で執拗に現実分析の領域に入り込み、また各所に個性的な（新奇な）――したがって継承されにくかった――概念を創出・使用した『原理』の巨編とを、単純に比較することは容易でない。まして『原理』は『国富論』と並んで、経済学史上にスコットランド啓蒙が生んだ成果であり、それを裏づけている西欧世界史的史眼は、『試論』のかかわろうとするところではなかった。しかし、ともかくも右の制約のなかで、わたくしがこの小論でこころざした目的、すなわち「『試論』をめぐる一八世紀中葉における西欧の経済学界の、響き合うエコーのなかにとくにステュアートの『原理』を置いて、この期の学史をわずかな新しい光の下に見ようとする[130]」ことは、不十分ながら果たせた（いな、むしろ着手された）と考えたい。

終りにあたって、わたくしは『試論』のやや新しいまとまった理論的研究書である、前掲のA. Brewer, *Richard Cantillon. Pioneer of Economic Theory*, 1992における、カンティロン対ステュアートの比較論[131]について、一言だけを費しておきたい。この比較論はとうぜん、わたくしのここで行なった叙述と重複する点が多いので、詳細な分析は不要だと考えられるからである。

ブリューアは、カンティロンにいわば打ち込んでいるから、ステュアートがフィリップ・カンティロンにしか接していないことをともかくも認めながら、[132] R・カンティロンからステュアートへの直接の継受を前提としつつ、「『原理』の諸章はあたかも〔R・〕カンティロンにもとづいていると解されるところがきわめて大きい[133]」と断じ、そのうえで、『原理』は『試論』を表面的にしか理解せず、したがって後者の諸理論を正しく十分に継承する役割を果たしていないと、あらかじめ立言する。そうして、ブリューアの採り上げる諸論点のうち、わたくしにとっては、省みるべきところはほぼ以下に尽きる。

まず、人口論にかかわる、当時の土地利用の不足（不十分）説。汎西欧的に見られたというこの現実に対して、『原理』は需要の不足を原因と見なし、これがステュアートの経済発展論の鍵となるが、『試論』にはこの見解は存しない、とブリューアは言う。「ステュアートの議論はまったく単純であって、現代の開発経済学者と相通ずるものがある。問題は需要の不足ではなくて供給の不足である。なぜなら、ファーマーは追加的収入よりも怠惰（leisure）を好むのだから。[134]」しかし、当面の時代になお西ヨーロッパの各所に見られたはずの小生産者（農民のみに限らない）の労働の封建時代的なエートスと、『原理』が近代社会を支える自由な生産者としてその体系の始発点に——理論モデルとして

――描いた勤労的農民のエートスとを、混同することは許されない。ブリューアのステュアート理解に一貫して欠けているものはこの重要な論点である。貧しく怠惰な農民大衆のなかから the industrious free としての近代的農民を抽出したこと、これが歴史主義的理論体系としての『原理』の達成の出発点である。[135] ブリューアはこの点に関してまた、一八世紀のヨーロッパでは土地は地主（landlord）のものであってファーマーの所有ではなかったと指摘しているけれども、[136] これは常識的な概言にすぎない。さきに触れたG・キングの「表」にはイングランドでの一七世紀における、freeholder 層の家計の圧倒的な集計的大きさが示されているし、[137] ケネーの『経済表』からも察せられるように、フランス北部でのステュアートの見聞のなかにもすでに自由な農民層が存したと考えられる。そうして、ヨーマンリの成立以来、地主と勤労的ファーマーとの間の土地保有関係や地代・利潤の分け取り関係には事実上さまざまなものがあったのである（なおブリューアは以上の地代への着目の場所で、カンティロン＝ステュアートの経済循環の説にも言及している）。

つぎに、価値・価格論の領域については、ブリューアの以下の立言を紹介するにとどめよう。「たとえば、〔ステュアートにおいて〕需要の増加が価格と利潤とを高めたとしよう。〈もしも短い振動ののちに供給が為政者の配慮によって増加することになれば、支障は起こらないであろう。〉しかしそうならないとすれば、高い利潤は正常なものとされ、〈内在的価値（intrinsic value）〉に合体されるであろう。市場は信頼できない。ここには、良価（*bon prix*）すなわち政策が確立をめざすべき重農主義的観念の反響がある。だが、重農主義者たちは農産物の価格に関心を抱いていたのに、ステュアートは製造品の価格にいっそうの関心をもっていたように思われる。いずれにせよ、重農主義者たちは間違った国家の介入を排除することを主眼として良価を実現しようと欲したのに、ステュアートはいつものように、市場へのいっそうの国家管理（state supervision）を求めたのであった。[138]」——『原理』の価値・価格論は複雑であり多面的であり、「均衡」（equilibrium）の問題はその重要な関心の一つであるが、そこにはまたさまざまな矛盾も含まれているから、ここでは論及する余地がないが、それにしても、それと重農主義の「良価《ボン・プリ》」の観念との比較を単純に論点とするのは不適切である。また前述のように、『原理』における「国家管理」については、そこに、いつでも市場機構の存立自体への不可侵性と、これに介入すべき（理念的）為政者のsoft handの必要への顧慮とが重視されていたことを忘れるべきではない。ステュアートのばあい、近代的西欧社会とそこでの商品・貨幣経済とは、つねに世界史の認識と展望とのなかに置かれているのである。これに対してカンティロンでは、この世界史的認識は経済理論体系に十分組み込まれてはいないし、また経済的自由とさきに指摘した彼のディリジスムとのかかわりも、彼自身による方法論的な考慮を加えられているものではない。

以上は、カンティロン研究にもとづく、ブリューアのステュアート批判の一部であるが、その全部もおなじようなものである。だから、あとは結語の部分だけを引いておこう。「要するに、ステュアートがその多くのアイディアについてカンティロンの経済学に依ったということは、かなりの状況的証拠の示すところである。しかし、ステュアートが『試論』の理論的枠組の基礎を理解したというしるしはほとんどない。カンティロンは孤立した農園《エステイト》の例を用いて[139]、土地の所有者のためには、生産のいちいちの局面を個人的に指導する必要のないことを示した。ステュアートの中心的観念はそれと正反対であった。すなわちそれは〈為政者〉を必要とする経済であって、彼はどの時期にあっても、心配しすぎる乳母のように、経済を見守ってそれに介入する。／……カンティロンが権威と権力とを以って事に当る支配者を想定したのは事実だが、彼の議論の重点は、〈為政者〉の介入がいかに稀にしか求められないか、しかも実際には彼の力がいかに限られているか、を示すにあった。ステュアートはうしろむきに、経済学の古い考えに目に向け、世代が一つ早いカンティロンは、〔かえって〕新しい接近への途を示した。(140)……」

カンティロンとステュアート――同世紀のこの二人の優れた著者たちの生んだそれぞれの古典を対比させながら、その一方にのみ評価の重みを片寄らせることは、学史の流れの響きに耳をふさぐことになるであろう。まして『原理』の歴史主義、その複雑な理論構成に注意を払わず、しかもこの大きい古典の第三編以下に一顧も与えていないブリューアの比較論的立言には、研究者としての不用意を感じさせるものがあるであろう。――カンティロンはアイルランドで生まれ、フランスで広く活躍してフランスの市民権を得、著書をフランス語で（はじめは英語で）書き、それをパリで出版した。(141)ステュアートはスコットランドの貴族であり、ジャコバイトとなって故国から長期間追放されて、その生涯に西欧諸国をあまねく遍歴し、ヴュルッテンベルクでその大著の第三編までの草稿を仕上げた。この二人の作品をその交響のなかで比較検討すれば――わたくしのこの小論はそのこころみの一端にすぎないが――、いまでは顧みられなくなった、ジェヴォンズのいわゆる「経済学の国籍」という問題にも、なにほどかの新たな関心が生まれるかも知れない。(142)

重農学派の支配の時期と、そののちのセーの新しい支配の時期とにあっては、フランスでのステュアートに対する認識はほとんど見られなかった。ただ、大革命期はその例外をなしている。もともと、『原理』はその序文でフランス流のシステム（Systèmes）を卸けているが、(143)それは近時のアルベルトーネの論説が理解しているように、「歴史的進化論的アプローチを採るステュアートは……、自然的秩序にかんする機械論哲学とフランス流の演繹的方法とについて、体系化への行きすぎた傾向と現実の多様性への強度の無感覚とをとがめて、それらを拒否した」[144]からであった。ことに、イギリスに比べて信用制度がいちじるしく未発達であり、そのうえローの「システム」の傷を舐めつづけていたフランスでは、詳密に演繹と帰納とを重ねつつ壮大な歴史的視野のもとに展開され、とくに土地担保の発券銀行制度について積極的に詳論した『原理』の総体系は、これに対峙した『国富論』に慣れはじめる以前には、容易には近づきがたい文献であったと考えられる。だから、『国富論』のガルニエによるフランス語訳が一八〇二年に定訳としてはじめて出て（それ以前のフランス語訳については I. S. Ross, *The Life of Adam Smith*, 1995, ch. 22 の冒頭部分を見よ）、やがてセーやシスモンディの時代を培うこととなる以前、すなわち一七八九年から九〇年にかけてセノヴェール（E. F. Sénovert）の訳になる『原理』（*Recherche des principes de l'économie politique, ..., par le chevalier* Jacques Steuart, baronet, à Paris, Didot, 5 vols.）――これには翌年再版が出たという形跡があるとのことである――が出版されていることは、大革命とステュアートの理論とのなんらかのかかわりを示すものにほかならないであろう[145]。すなわち

――

フランス革命は重農主義（とA・スミスと）の経済思想に対して、二つの点でいわば対抗的均衡を創出する必要を感じねばならなかった。その第一は、まったく新しい集中的政治権力の維持と目的遂行とのための経済的統制であり、その第二はこれに加えて、急激な財政基盤の変化と財収不足とに応ずるための金融的転換＝信用手段の創出（いわゆるアッシニャの発行）である。『原理』の体系はこの必要に応じうるはずのものであった。そうしてもともとフランスでは、グルネを中心とするグループが、イギリスに対するフランスの経済的後進性についての認識から、国内産業への政府のなんらかの指導（いわゆる「柔かいディリジスム」）を求めており、それがケネーの出現によって比較的短期

間影をひそめていたのちに、周知のイーデン条約の締結（一七八六年）によってフランス産業が大きい打撃を受けたのち、重農主義への批判をふくみつつ復権していた（グルネの復権）のであって[146]、これが革命開始期の『原理』への着目ともつながるのである。

セノヴェールはジョン・ローの全集（一七九〇年）の編集者でもあったが、彼に『原理』の翻訳を勧め、それに助力したのは、一七九四年に新設のエコール・ノルマルで制度化された économie politique の講座を短期間ながら保持した、ヴァンデルモンド（A. Vandermonde）——ついでルー（V. Roux）——であった[147]。そうして本来テクノクラートだったヴァンデルモンドの講義は、ディリジスムの傾向をもつとともに、明示してステュアートを語り、その講義プランもほぼ『原理』に従っていたのであった。しかし、フランスが大革命期からナポレオンの大陸制度に移っていわば軍事的保護制度を樹立し強行することとなって、シャプタル、フェリエ等[148]の、それへの弁護論者が現れた段階では、保護主義者ないし重商主義者とされるステュアートは、その複雑で奥深い体系と強靱な理論性とのゆえに、かえってふたたび関心を集めなくなる[149]。彼はカンティロンとともに忘れられることとなった。ステュアートの名は、A・ブランキの著名な経済学史（*Histoire de l'économie politique en Europe*, 1837）の長大な解説つき文献目録（四五年の第三版まで）にしるされるにとどまっているのである。だが、フェリエを祖とするとマルクスが独断的に指摘したフリードリッヒ・リスト（彼はアメリカ滞在期に『原理』に接したと推測される）や、セノヴェール訳で早くから（『哲学の貧困』以来）『原理』に親しんだ当のマルクスは、前者が消極的に、後者が積極的に、『原理』をやがて明示的に評価したのであった。そうしてドイツでのステュアートは、早い時期でのヘーゲルへの影響を別としても、また独自にその継承史をもつこととなるのである。

注

（1）*Essai sur la nature du commerce en général*. Traduit de l'anglois. A Londres, chez Fletcher Gyles, dans Holborn, M. DCC. LV. ただし、Wirtschaft und Finanzen 社による Faksimile-Ausgabe（1987）を用いる。フレッチャー・ガイルズという書店は五五年にはすでになく、こんにちでは *Essai* はフランス語でパリの P. A. Guillyn から出たとされている（後掲 Murphy, p. 307）が、おなじく後掲の津田は出版者を明言していない。また、*Essai* のフランス語の手稿は津田によって発掘されて一九七九年に東京で出版され、当の古典の津田訳に当たって一七五五年版の「校訂のために」用いられているが、*Essai* にもとは英語の手稿のあったこともたしかのようである。なお、この論説ではカンティロンからの邦語での引用はだいたい津田訳『商業試論』（アダム・スミスの会監修、名古屋大学出版会、一九九二年）に拠った。

（2）*Contemporary Review*, Jan. 1881 に初載。Jevons, *Principles of Economics*, 1905 に収録。これは Henry Higgs によるカンティロンの *Essai* のフランス文・英訳文対照本（1931）に再録されている。戦中の業績であるカンティロン・戸田正雄訳『商業論』（一九四三年）の付録には、このジェヴォンズの論文をも邦訳して収めてある。

（3）とりあえず前注津田訳の「解説」を参照。イギリスではとくにポッスルスウェイト（M. Postlethwayt）が『試論』の閲読者だったと考えられる。

（4）『資本論』におけるマルクスの、カンティロンについての記述には混乱が見られる。ロッシャーは早くその *System der Volkswirtschaft* の Erster Band, *Grundlagen der Nationalökonomie*, 1845 でカンティロンを採り上げていたが、ジェヴォンズはそれを見逃した。

（5）H. Higgs' ed. of Cantillon's *Essai*, 1931, pp. 359–60. 戸田訳、前掲、三一一ペイジ。

（6）J. A. Schumpeter, *Epochen der Dogmen-und Methodengeschichte*, 1914, in *GdS*, I/1, zweite Auflage, 1924 (erste Aufl. 1914), p. 32. 中山伊知郎・東畑精一訳『経済学史』（一九五〇年）、三六—七ペイジ。同訳岩波文庫版、四

四ペイジ。原典の初版と再版との内容は同一である。なお、シュンペーターの初期の著作に属するこの学史には、すでにステュアートに対する高い評価も見られる。Cf. *ibid.*, p. 330. 邦訳、同右、三〇一―一ペイジ。なおまた、つづいて本文にしるす Murphy, *Richard Cantillon* への J. Hicks の Foreword をも見よ。

(7)『試論』への諸学者の高い評価の例は、枚挙にいとまがないと言ってよい。

(8) この古典の定版には、最近に成った *An Inquiry into the Principles of Political Oeconomy*, by Sir James Steuart, edited by Andrew S. Skinner with Noboru Kobayashi and Hiroshi Mizuta, 4 vols., 1998 を用いる。以下 *Principles*, 『原理』と略記。

(9) 小林昇『最初の経済学体系』(一九九四年)を見よ。

(10)「生産諸関係をその単純な形態ではばかるところなく叙述する力をもっていたステュアートやスミスやリカードウの古典的経済学」(Karl Marx, *Grundrisse der Kritik der politischen Ökonomie* (*Rohentwurf*), 1857–58, 1953, p. 917).

(11) 前注(6)および後注(32)の示すヒックスの Foreword を見よ。

(12)「〔経済学批判への〕序説」。*MEW*, 13, p. 616.

(13) その可能性はつよいと思われる。

(14)『原理』の理論的根幹部分であるその第一・第二編の草稿とその清書稿とは、すでに一七五八―九年に南独のテュービンゲンで成った。翌六〇年には第三編がおなじ町で書かれている。

(15) 津田訳『商業試論』(前注1)、解説、二六〇ペイジ以下、および Murphy (後掲), pp. 306ff.

(16) この時期は一七五六年春、場所はフランダースのスパーだったと推測されている(小林昇監訳、竹本洋他訳、J・ステュアート『経済の原理』(二冊)、第一冊、訳者解説〔竹本〕、六一四ペイジ)。もっとも、このころのステュアートは親族的雑事にも煩わされ、健康もすぐれなかったようである。Cf. *Principles*, vol. 1, Skinner's introduction, p. xl.

(17) スキナーは、ここで用いる校注版 *Principles* の編集中に、水田・小林とともに以下の注に示すグリュンウェーゲンの考証を知って、この点への反省もしたようである(小林への書簡)が、彼がさきに出版した

Scottish Economic Classics 版 *Principles*（2 vols., 1966――本文にかなりの省略部分がある――）での付注の態度を安易に変えることを欲しなかった。しかし、これらの注はほとんどが人口論にかかわる点に限られているから、ステュアートが『人間の友』とは別にカンティロンの草稿をも読んだとする満足な証拠とはならない。

(18) Cf. F. Cabrillo, Who was the Author of The Essay on Commerce ? A Note on Sir James Steuart's Doctrinal Sources, *History of Economice Society Bulletin*, vol. 10, no. 2, Fall 1988.

(19) Cf. Peter Groenewegen, Sir James Steuart and Richard Cantillon, *The Economics of James Steuart*, ed. by Ramón Tortajada, London and New York, 1999. なお、素朴な疑問だが、ステュアートは、すでにパリでその名を知られていたリチャード・カンティロンの本の出版後に、なぜそれを直接読もうとしなかったのだろうか。そういう情報やコミュニケイションの不足は、やはりステュアートの制約だったのだろうか。――彼がミラボーを読んだことは確実である。cf. *Principles*, vol. 1, p. 159. 邦訳、前掲、第一冊、一三一ペイジ。ただしこれは、ミラボーの反奢侈論への批判。

(20) *Principles*, vol. 3, pp. 35, 67. 邦訳、第二冊、一三六、一六六ペイジ。

(21) Cf. Paul Chamley, *Documents relatifs à Sir James Steuart*, 1955, pp. 77ff., esp. p. 81.

(22) したがってここで用いる variorum 版『原理』の冒頭の部分の編者注には、（スキナーの意向を温存して）ミラボーの名が頻出する。

(23) 初期の人口論史である、Ch. E. Stangeland, Pre-Malthusian Doctrins of Population,1904 においても、カンティロンの人口論に対する評価は高く（p. 181）、ミラボーの人口を富の源泉とする、古い（ケネーによる）、改宗以前のそれに対する評価は低い（pp. 257-8）。

(24) 前注（16）を見よ。ただし、『原理』はその完成に一八年かかったと巻末で述懐しているから、その着想ならば著者のアングレーム時代においてであったということになる。すなわち、ステュアートはこの地で退屈していたころ、新刊のモンテスキューの『法の精神』（一七四八年）やヒュームの『政治論集』に接して、その前述の志を立てたと考えられる。

(25) 私が手許に置いている『人間の友』は一七五八—六二年の五冊本のハンブルク版であり、その第二冊四二五ページ以下にこの要約の章がある。なお、スキナーの前掲の省略版の vol. 1, p. xxxvii, n. 79 を見られたい。
(26) 本書所収の「James Steuart, *An Inquiry into the Principles of Political Oeconomy* (1767) の variorum edition の刊行について」、六二—三ページを見よ。
(27) *Principles*, p. 6. 邦訳『原理』、第一冊、ixページ。
(28) H. Higgs, Richard Cantillon, *Economic Journal*, June, 1891.
(29) H. Higgs, Cantillon's Place in Economics, *Harvard Quarterly Journal of Economics*, vol. 6, 1892.
(30) Cf. A. Marshall, *Principles of Economics*, variorum ed. by C. W. Guillebaud, vol. 1, 1920, p. 756 n. 1. ここでのマーシャル自身のカンティロンへの評価は高い。
(31) *Palgrave's Dictionary of Political Economy*, vol. 1. ただしわたくしの用いているのは一九二五年の版である。
(32) J. Hicks' Foreword to A. Murphy, *Richard Cantillon : Entrepreneur and Economist*, 1986.
(33) わたくしはその内容の紹介を、不十分ながら『渡辺輝雄著作集』(日本経済評論社)第一巻の「解説」で行なった。
(34) ただし田添京二とわたくしとの、ステュアートについての初期の研究はすでに発表されていた。
(35) Cantillon, *Essai*, p. 35, p. 113. 邦訳、一一ページ。五七ページ。
(36) *Essai*, p. 108. 邦訳、五五ページ。
(37) *Richard Cantillon, Essay de la Nature du Commerce en général. Texte manuscrit de la Bibliothèque municipale de Rouen, avec le texte de l'édition originale de 1755 et une étude bibliographique* par Takumi Tsuda, Tokyo 1979. また同氏によって、カンティロンの手稿からのミラボーのレジュメの復原もおこなわれた。すなわち、*Discussion Paper Series*, No. 29 (Documentation), Institute of Economic Research, Hitotsubashi Univ., March 1980 である。
(38) *The Economic Writings of Sir William Petty*, ed. by Ch. H. Hull, vol. 1, 1899, p. 68 (*A Treatise of Taxes and Contributions*, 1662). 大内兵衛・松川七郎訳『租税貢納論』(岩波文庫)、一一九ページ。

(39) *Essai*, p. 2. 邦訳、三ぺイジ。
(40) 渡辺、前掲、三五ぺイジを見よ。
(41) *Essai*, p. 53. 邦訳、二八ぺイジ。
(42) 邦訳、解説、二四七ぺイジを見よ。
(43) *Essai*, pp. 118-9. 邦訳、五九―六〇ぺイジ。
(44) *Essai*, p. 252. 邦訳、一二三ぺイジ。
(45) Cf. *Essai*, Pt. 2, ch. 6.
(46) Cf. *Essai*, Pt. 1, chs. 12-13.
(47) もっとも、カンティロンは外国貿易差額のプラスの有利を言うばあい、政策指導者を表面に立てて彼の活動を促すという叙述はむしろ避けている。「いまもし、ある国が自国の製造所(manufactures)の製品をすべての外国に供給し、この貿易によって毎年、外国からつねに一定の貨幣の差額をひき出すようにしているとすれば、この国の貨幣の流通は諸外国よりも著しいものとなるだろう。つまりその国では貨幣はいっそう豊富になり、したがって土地と労働とは少しずついっそう高くなるだろう。そうとすれば、この状況がつづくかぎり、いま問題にしているこの国は、貿易のすべての部門において、より少量の土地と労働とで、外国のより大量の土地と労働とを交換することになるだろう」(*Essai*, pp. 208-9. 邦訳一〇三―四ぺイジ)。
(48) 邦訳、解説、二五一ぺイジ。
(49) Cf. *Essai*, Pt. 3. ch. 1. ただしすでにつぎの主張がある。「もしパリの貴婦人たちがブリュッセルのレースを着用するのが好きで、フランスはその代金をシャンパン酒で支払うとすれば、一万六〇〇〇アルパン以上のワインの生産物が必要であろう。……この取引においてはフランス人の食料から大量の土地の生産物が奪われ、そうして外国に送られるすべての産物は、……その国の住民の数を減少させることになる……」(*Essai*, p. 101. 邦訳、五一ぺイジ)。この判断にはフィジオクラシーへの方向も見られる。
(50) Cf. *Essai*, Pt. 2, ch. 6.

(51) Cf. *Essai*, Pt. 1, ch. 13.

(52) *Essai*, pp. 71–2. 邦訳、三八ペイジ。

(53) *Essai*, p. 68. 邦訳、三六ペイジ。

(54) *Essai*, Pt. 1, ch. 13, 'La circulation & le troc des denrées & des marchandises, de même que leur production, se conduisent en Europe par des Entrepreneurs, & au hazard.'

(55) *Essai*, pp. 347–8. 邦訳、一七一ペイジ。

(56) *Essai*, pp. 373–4. 邦訳、一八三ペイジ。

(57) *Essai*, pp. 371–2. 邦訳、一八二ペイジ。

(58) *Essai*, p. 407. 邦訳、二〇〇ペイジ。

(59) *Essai*, p. 424. 邦訳、二〇八ペイジ。

(60) Cf. John Law, *Money and Trade considered, with a Proposal for Supplying the Nation with Money*, 1705.

(61) *Essai*, Pt. 1, ch. 12 and pp. 159–60. 邦訳、八一ペイジ。このいわゆる「三倍の地代」の説の系譜については『小林昇経済学史著作集』Ⅲ、二九七ペイジ以下を見よ。

(62) *Essai*, p. 55, p. 58. 邦訳、三〇ペイジ、三一ペイジ。

(63) *Essai*, p. 56. 邦訳、三〇ペイジ。

(64) 念のために、渡辺、前注(33)、二八五ペイジにおける横山正彦への批判を見よ。

(65) Cf. *Essai*, H. Higgs' ed., op. cit., p. 388.

(66) 前注(64)を見よ。この点については、なお、A. Brewer, *op. cit.*, p. 180. を見よ。なおまた、参考までに、J・ロックの『利子・貨幣論』(*Some Considerations of the Consequences of the Lowering of Interest, and Raising the Value of Money*, 1692)に「〈経済表〉の先駆的理論ともいうべき」ものを見ようとする見解もある。種瀬茂『経済思想』(追憶版、一九八六年)、一〇九ペイジを見よ。またカンティロンの先駆者としてのロックについては、Brewer, *op. cit.*, pp. 137ff. を参照されたい。

(67) J. A. Schumpeter, *History of Economic Analysis*, 1954, p. 218. 東畑精一訳『経済分析の歴史』2、四五四ペイ

ジ。これは右の『分析の歴史』においてシュンペーターがくりかえして強調するところである。なお、『試論』における経済循環の構図についての最も精密な分析としては、米田、本文前掲論説を見よ。

(68) A. Skinner's ed. of *Principles* (*Scottish Economic Classics*, vol. 1, 1966, p. 6, n. 7).

(69) *Principles* (variorum ed.), vol. 2, pp. 41-2. 邦訳、前掲、第一冊、三二八—九ページ。

(70) Cf. *Principles*, vol. 2, pp. 42-3. 邦訳、第一冊、三二九—三一ページ。

(71) *Principles*, vol. 2, p. 173. 邦訳、第一冊、四五二ページ。

(72) K. Marx, *Theorien über den Mehrwert*, 1. Teil, 1956 (Dietz Verlag), p. 9.

(73) *Principles*, vol. 2, p. 112. 邦訳、第一冊、三九三ページ。

(74) *Principles*, vol. 1, p. 265. 邦訳、第一冊、二二八ページ。

(75) *Principles*, vol. 2, p. 126. 邦訳、第一冊、四〇六ページ。なお、経済的ナショナリズムの否定となるつぎの立言（それは理論的にはカンティロンとおなじではないが）にも留意されたい。「勤労《インダストリ》の精神によって国家がある程度の人口をもつようになると、この精神は食物が不足するからといって挫折することはない。食料は外国からもたらされるであろうが、この新しい需要は、諸外国のなかで従来はその国自身の生活資料として生産されてきた量の一部を持ち去ることになるので、〈外国の〉勤勉な人々は、自分たちに損害を及ぼさずに新需要を充足しようとして、進んで自分たちの土地を改良するであろう。貿易はこのように、ある国の住民を勤勉にすることによって、その国自身にはなんの損害を与えることもなく、別の国の欲望を満たすのであって、世界を全体として改良の方向に導くという明白な傾向をもつ」(*Principles*, vol. 1, p. 137. 邦訳、第一冊、一〇九—一〇ページ)。「甲の得は乙の損」という古い観念はここでは消失している。

(76) *Essai*, pp. 221-2. 邦訳、一〇九—一〇ページ。

(77) Cf. *Essai*, pp. 223-26. 邦訳、一一〇—一一一ページ。

(78) Cf. *Essai*, pp. 250-51. 邦訳、一二二ページ。

(79) *Essai*, p. 244. 邦訳、一一九ページ。これはヒューム的観念であってステュアート的観念ではない。『原理』はその paper money mercantilism の方策で貿易差額の連年のマイナスからも国内の経済的繁栄を守りうるとしている。

(80) *Essai*, pp. 244-45. 邦訳、一一九ペイジ。

(81) 貨幣量の増減にかかわるいわゆる「連続的影響説」や、国家興隆の交替の史観についての、カンティロンとヒュームとの親近性については、小林『著作集』Ⅰに収録の「経済学の形成時代」第二章を見よ。ただし、ヒュームが『試論』の草稿から学んだという跡には到達しがたい。

(82) *Principles*, vol. 1, p. 134, n. 4 には、The term 'effectual demand' may have been coined by Steuart. としてある。

(83) *Principles*, vol. 1, pp. 182-84. 邦訳、第一冊、一五二―四ペイジ。

(84) 経済学史学会編『経済思想史辞典』、J・ステュアートの項（大森郁夫執筆）。

(85) Cf. *Principles*, , Bk. 2, ch. 14 (vol. 1).

(86) *Principles*, vol. 1, pp. 86-7. 邦訳、第一冊、六三ペイジ。

(87) *Principles*, vol. 2, p. 150. 邦訳、第一冊、四二九ペイジ。

(88) *Principles*, vol. 1, p. 343. 邦訳、第一冊、二九六ペイジ。

(89) *Principles*, vol. 1, p. 4. 邦訳、第一冊、四ペイジ。A・スミスの『道徳感情論』にもこの語は見られる。Cf. *TMS*, Glasgow ed., pp. 140-41. この語に含まれる思想は、モンテスキュー（*Voyages*, *Œuvres Complètes de Montesquieu*, par A. Masson, vol. 2, 1950, p. 1102（塔上からの俯瞰の意義を語る）→ステュアート（『原理』第一・第二編のモンタギュ夫人への献呈稿の献詞での同様の表現、一七五九年）→A・スミス『道徳感情論』（前掲、五九年）におけるこの言葉自体の使用→『原理』における使用、という一系譜がある。また前出の小林昇『最初の経済学体系』、一七八―七九ペイジと、前注（19）にあげた、*The Economics of James Steuart*, ed. by R. Tortajada 所載の小林の論説 'On the Method of Sir James Steuart' の notes 5, 6 の示す個所とをも参照。

(90) Cf. *Principles*, Bk. I, ch. 2.

(91) Cf. N. Kobayashi, 'On the Method...,' *op. cit.*, p. 109. 「彼〔ステュアート〕の経済学はもともとヨーロッパの

諸国家世界を対象とするものであり、しかもこの諸国家間の貿易・金融諸関係は一体のものとして捉えられていた。〈ヨーロッパのポリティカル・エコノミイ〉(*Principles*, vol. 1, p. 172. 邦訳、第一冊、一四二ペイジ) ――これが、『原理』の体系的に描こうとしたものだったのである」(小林、『最初の経済学体系』、前掲、一五八ペイジ)。

(92) Cf. *Essai*, p. 266, p.265. 邦訳、一二九ペイジ、一二五ペイジ。なお、初期フランス経済学史における industrie の概念については、米田昇平「ムロン『商業に関する政治的試論』(一七三四年)について」、『下関市立大学論集』三一ノ一・二合併号、一九八七年九月、およびそれにつづく同氏の諸論説を見よ。

(93) 以下については、小林『著作集』X、論文Eを参照。

(94) *Principles*, vol. 1, pp. 186-7. 邦訳、第一冊、一五六―七ペイジ。勤労と慈善との生産力効果上の相反は、ステュアートが若い日にスペインでの体験から知ったところであり、彼の体系において注目すべき点の一つである。

(95) *Principles*, vol. 1, p. 261. 邦訳、第一冊、二二五ペイジ。

(96) 前注 (71) を見よ。

(97) *Principles*, vol. 1, p. 218. 邦訳、第一冊、一八五ペイジ。

(98) Cf. *Principles*, vol. 1, p. 224. 邦訳、第一冊、一九二ペイジ。邦訳では「絶対的」利潤。

(99) *Principles*, vol. 1, p. 331. 邦訳、第一冊、二八五ペイジ。

(100) Cf. *Principles*, vol. 1, p. 335. 邦訳、第一冊、二八九ペイジ。

(101) 小林『著作集』X に収録の「ステュアート租税論の基礎的考察」を参照。そこでは、『原理』第五編を故国で書きえていたステュアートが、「勤勉なブリテン人」= 'people of a middling rank in life' の生む、「日々のインダストリにもとづく大きいプロフィット」をはっきりと把握していた事情を指摘している。とくに同論説の第5節を見よ。

(102) *Principles*, vol. 1, p. 318. 邦訳、第一冊、二七四ペイジ。

(103) *Principles*, vol. 1, p. 343. 邦訳、第一冊、二九六ペイジ。「対外商業が消滅したあとでは、国内商業の繁栄を維持することの利点を認めないわけにはいかない。……住民の全部が仕事と消費とに充用されうるし、誰もが迅速な流通によって豊かで安楽な暮らしができるようになる。こういう流通はあらゆる住民の間に富の合理的な平等をもたらすだろうからである。」

（104）*Principles*, vol. 1, p. 263. 邦訳、第一冊、二二六ペイジ。*Ibid*., p. 101. 邦訳、第一冊、七六ペイジ。

（105）*Principles*, vol. 1, p. 339. 邦訳、第一冊、二九三ペイジ。原文は 'touched with any but the gentlest hand.'

（106）*Principles*, vol. 1, p. 339. 邦訳、第一冊、二九三ペイジ。

（107）*Principles*, vol. 1, p. 266. 邦訳、第一冊、二二九ペイジ。この立言に注目されたい。

（108）*Principles*, Bk. III.

（109）小林『著作集』V、三四九ペイジ以下を見よ。

（110）110 ことに Part II が重要である。以下については前注『著作集』Vの論文G（「『原理』における貨幣制度論」）を参照。

（111）*Essai*, Pt. III, ch. 4.

（112）Cf. K. Marx, *Zur Kritik der Politischen Ökonomie*, 1859, Dietz ed., p. 62.

（113）・（114）小林『著作集』X所収の「ステュアート信用論の構造」を見よ。

（115）同右、「ステュアートの見たジョン・ローのシステム」を参照。

（116）同右、三一六ペイジ以下を見よ。

（117）前注（61）の個所。

（118）Cf. *Principles*., Bk. I, ch. 8.

（119）Cf. ibid.

（120）Cf. *Essai*, p. 159. 邦訳、八一ペイジ。Harris, *An Essay upon Money and Coins*., Pt. I, 1757, p. 3. 小林昇訳『貨幣・鋳貨論』、第一部、一五ペイジ。

（121）Cf. Adam Smith, *The Wealth of Nations*, Glasgow ed., vol. 1, p. 334, vol. 2, p. 669. 大河内一男監訳『国富論』、全一巻本、五二二、一〇六九ペイジ。

（122）*Principles*, vol. 1, p. 61. 邦訳、第一冊、三九—四〇ペイジ。
（123）Cf. *Principles*, vol. 1, pp. 63–4. 邦訳、第一冊、四二ペイジ。
（124）以下についてはつぎの三論文を参照。田添京二「ステュアート蓄積論の基礎構造」（内田義彦編『古典経済学研究』、上巻、一九五七年、所収。のちに田添『サー・ジェイムズ・ステュアートの経済学』、一九九〇年、に収録。とくにその第四節を見よ）。小林昇「ジェイムズ・ステュアートとグレゴリ・キング——ステュアートにおける経済循環の把握とキングの《Scheme》」（『著作集』V所収。初出は一九五八年）。大友敏明「ステュアート『原理』における経済循環の把握について」（『三田学会雑誌』八〇ノ三、一九八七年）。——国民経済内部での貨幣=商品流通の総体的把握とその図的表示とのこころみは、それを「経済循環」（circular flow）の理論と呼んで、厳密でユニークなケネーの「経済表」と区別しておけばよいであろう。田添が『原理』に即してあらたに「人口表」と呼ぶのはかならずしも適切ではない。
（125）この論点はすでに着目されているところであるが、ここでは、J. Locke, *Some Considerations of the Consequences of the Lowering of Interest, and Raising the Value of Money*, 1692（田中正司・竹本洋訳『利子・貨幣論』）にもとづく、種瀬茂の分析（前注66、一〇九ペイジ、初出一九五六年）を見よ。
（126）前注（124）以下を見よ。
（127）Yang は韓国 Dongeui 大学所属。
（128）Cf. I. Marcil and K. Watanabe, Bibliography〔of James Steuart〕, *The Economics of James Steuart*, ed. by R. Tortajada, *op. cit.*, p. 303.
（129）Cf. P. Groenewegen, *op. cit.*, p. 27.
（130）前注（37）と（38）との間の本文を見られたい。
（131）Brewer の著書の Pt. I は Cantillon's Economics. Pt. II は Cantillon's Place in the History of Economics（pp. 123–96）であって、この Pt. II も全体としては有意義である。そのうちの pp. 175–83 がステュアートにあてられている。
（132）*Ibid.*, p. 175.

(133) *Ibid.*, p. 175.

(134) *Ibid.*, p. 178.

(135) この農民は近代的貨幣・商品経済の主体的推進者であり、その性質はカンティロンの entrepreneurs よりもむしろいっそう鮮明である。

(136) Brewer, *op. cit.*, p. 178.

(137) 彼らは地代を支払う一方で、すでに地主の土地に対する、生涯的ないし永代的保有権をもっていた。

(138) Brewer, *op. cit.*, pp. 180–81. 〈　〉内の引用は *Principles*, Skinner ed., 1966, pp. 192–3 から。

(139) Cf. *Essai*, Pt. I, ch. 14.

(140) Brewer, *op. cit.*, p. 183.

(141) 前注1を見よ。

(142) デフォウ→ヴァンダーリント→タッカーという、イングランド経済学の伝統も、むろんアダム・スミスと無縁ではない。なお、シュンペーターは、ペティ→カンティロンの系譜を尊重する一方で、「わたくしはカンティロンをフランス人として分類する」と述べている。Cf. Schumpeter, *History of Economic Analysis*, op. cit., p. 218. 邦訳、2、四五六ペイジ。フランスでの体験が深かったステュアートをこれに加えると、「国籍」の問題は意義を異にしてくる。この点については、前記 Tortajada の編著（前注19）に対する、飯塚正朝の書評（『経済学史学会年報』三八号、二〇〇〇年）をも見よ。

(143) *Principles*, vol. 1, pp. 8–9. 邦訳、第一冊、xii ペイジ。

(144) M. Albertone, La difficile fortuna di Sir James Steuart in Francia nel XVIII secolo. マヌエラ・アルベルトーネ、堀田誠三訳「18世紀フランスにおけるサー・ジェイムズ・ステュアート受容の困難」、『一橋大学社会科学古典資料センター年報』、No. 18, March 1998, pp. 8–9. なお、アルベルトーネの論説ははじめ前注（19）にあげた、*The Economics of James Steuart*, ed. by R. Tortajada（同一内容のフランス語版 *Sir James Steuart et l'économie politique* は一九九八年末に出ている。いずれも、グルノーブルでの「ステュアート国際会議」での報告）に収められているが、一橋大学の『年報』上の当の論説はその「改訂版〔論文〕」である。同『年報』三二ペイジを見よ。なおこの論説は直接に訳者堀田氏宛てに届けられたものであって、原文はいまのところ出版されていない。

(145) ただし、セノヴェールによる『原理』の翻訳に先立って一七八二年に出版間近かまで漕ぎつけた、ゴゲル (Goguel) による同書のこれもフランス語訳が、購読予約者数の不足のゆえについに実現しなかったという史実については、前注のアルベルトーネの二四―六ペイジを見よ。

(146) グルネと彼の指導したグループとについては、津田内匠「フランス革命と産業主義」(本書の八一ペイジ) を見よ。これはフランス経済学史の一時期をその幅において示す重要な文献である。前掲同訳『試論』の「解説」の二六〇ペイジ以下をも参照。

(147) 前注、津田「フランス革命と……」三二ペイジ以下を見よ。ヴァンデルモンドはセノヴェール訳『原理』の推進者でもあった。前注 (144) のアルベルトーネ論文の二六ペイジを見よ。

(148) 前注、津田、五六―八ペイジを見よ。

(149) 同右、五八―六〇ペイジを見よ。

付言 本稿を成すにあたっては、堀田誠三・竹本洋・服部正治・小林純の諸氏から文献閲読上の便宜を与えられました。感謝いたします。

経済学・歴史・歴史主義

一

ドイツ歴史派経済学（以下歴史学派）を広い経済学史の流れのなかに置き、はたして何がその特徴であり貢献であったか、いな、そう呼ぶべきものが真にあったかどうかを、いまの時点で考え直してみたい。学史上の明白な事実としては、歴史への着目と洞察とはもとより、歴史研究自体さえも、一八世紀以来多くのすぐれた経済学体系の内部ないし基底に存在していたのであるから、こういうばあいの「歴史」の諸特質を、歴史学派の周囲に——前後左右に——位置させてそれぞれ簡単に検討し、それらに比べて後者の積極的意義の有無を見直してみたいと思う。日本のアカデミックな経済学界は歴史学派の影響を受けることが大きかったから、とくにドイツでのシュモラー復興と相応ずる、われわれの側での歴史学派への再評価のこころみが、そういう影響のたんなる継続ないし再生とならないためにも、このような反省は意義をもつであろう。

W・ロッシャー、B・ヒルデブラント、K・クニースのいわゆる旧歴史学派の三人は、その光芒がいまではだんだん消えつつある。むしろロッシャーの着実な経済学史研究、すなわち『イギリス一六・一七世紀経済学史論』[1]と大著『ドイツ経済学史』[2]とが、「後期」歴史学派の多くの専門的学史研究[3]とともに、省みられつづけることとなるであろう（そうして、オーストリア学派の学統のE. v. Böhm-Bawerk の周知の『利子学説史』がこれらと競い立っている）。古典学派に対抗して意義があると彼らの信じた、その相対主義・国民主義・倫理主義・心理主義・有機体説・段階説・発展思想等々の、歴史主義とさまざまに結合してそれぞれ一体を成していた体系を、平明に解きほぐして有効に再構成することは、いまではますます困難である。また、これとは別の意味で、すなわちいわゆる旧歴史学派のこの三人が厳密には「学派」を形成して集団的力能を発揮したわけでなかったことは、シュンペーターの指摘する通りであるから[4]、彼らの集団的業績といったものは厳密な対象とはなりにくいように思われる。ただし「新」歴史学派の中心人物G・シュモラーについてだけは、これもおもにシュンペーターの独自の積極的評価のゆえにしだいに新たな注目が集まりつつあるが[5]、このばあいにも、こんにちわれわれのいう社会経済史学の広範な研究領域の開拓と樹立とに対するシュモラーとその「学派」との最大の業績が、極限的に大規模な総合的経済学という理想のなかで、彼への評価の基礎となっているにとどまるように判断されるのである。シュモラーの諸作品の多くはこんにちなお読まれるけれども、誰が彼の最大作『一般国民経済学綱要』[6]を読み通そうとするだろうか。わたくしには、メンガーの単純なともがらへのシュンペーターのたしなめは理解できても、それがシュモラーの総体系に期待させるものの実現は、いまでもほとんど成功してはいないように思われる。

広い思想史と理論史との流れのなかでは、経済学の大体系はほとんどつねに歴史への関心とともにあった。

「最初の経済学体系」であり'Euro-centric'な（大陸の事情をふまえた）体系であった、サー・J・ステュアートの『経済の原理』[7]は、農工分離＝商品経済＝生産者大衆の自由な社会の展開を、その大冊の端緒から説きおこし、この展開の歩一歩の進行・拡大が広範な勤労（生産的活動・industry）とこれに応ずる有効需要（effectual demand）とに支えられつつ、諸国民間の外国貿易の交錯のうちに、貨幣・信用・財政の諸制度を成熟させる過程を、演繹的・帰納的に層々と――つまり体系的に――説きつくしたのであった。だからこの大体系は、十分歴史的理論の名に値するものだったのである。それは封建制の解体と近代商品経済の形成とを諸国民経済の成立と角逐という幅のなかで描き、このばあい、モンテスキューの『法の精神』（一七四八年）における「国民の一般精神」（l'esprit général d'une nation）を継承した spirit of a nation（spirit of a people）[8]の語を多用して諸国の政治・経済・習俗の独自性を強調したが、同時にこの古典には spirit of industry, spirit of modern times, spirit of European liberty 等々の語も他方でしばしば見られ、国民経済の歴史的個性を経済史一般の発展法則のなかに置こうとする認識が、すでにはっきりと示されている。しかも留意すべきことに、『原理』では世界史の発展が古典古代↓中世封建時代↓近代社会というふうに明確に把えられていると同時に、この近代社会からスペインは脱落させられてそこに勤労者大衆の社会は見いだされていず、このかぎりスペインはむしろ古典古代社会に類縁的だと把握されているのであって、ここに西欧世界史の広袤が正確に認識されているのである。そうしてこれとともに、スペインを除く狭義の西欧諸国はそれぞれ独自の国民経済的個性をもちつつも相ともに世界史の前線を形成しているという、普遍的認識が一貫して認められ、あった。

歴史を開く理論というものがこうして出現することとなる。こういう、世界史的前線に立つ展望は、ドイツの歴史学派が社会問題へのさまざまな関心をつうじてもついに新鮮にはもちえなかったもので

A・スミスの『国富論』が『原理』の歴史認識をどの程度まで自覚的に継承したかは明らかにしがたい。またいうまでもなく、『国富論』の編別構成はすでに歴史＝理論一体のものではなかった。しかしこの古典での歴史認識自体の広大さと深刻さとは周知のところであり、またこの認識がなくてはこの古典は成立しえなかったはずのものである。この意味では、スミスはステュアートよりもいっそう正統的に、いわゆるスコットランド歴史学派のなかに哺まれた者であって、新歴史学派の一人とされるW・ゾンバルトによる、スミスの同国人・同時代人J・ミラーの顕彰(9)は、おのずからこの間《かん》の事情を示しているといえよう。なお、『国富論』第三編における近代社会成立史にかかわる立論に、スケイルの大きいスミスの形而上学が潜んでいることにも留意しなければならない。

フランスの経済学史のなかでの歴史主義、ことに歴史家S・de・シスモンディの『経済学新原理』(一八一九年)やA・ブランキの『欧州経済学史』(一八三七年)などについては、それらを指摘するだけにとどめよう。

3

F・リストは歴史学派のたんなる先駆者ではない。彼の実践的活動はすくなくともドイツ全土に巨大な印象を与えたし(10)、またのちに彼の『著作集』(いわゆる *Die grosse List-Ausgabe*, 1927–35) に示され

ているその総体系は、彼の主著とされる『経済学の国民的体系』（一八四一年）をはるかに超えて、啓蒙主義とロマン主義との複雑な混淆の上に立つ、大きい思想的構築物を示している。

第一に、『国民的体系』での著名な発展段階説は、実践的・政策論的意図がとくにあらわであるとはいえ、その構造はA・R・J・テュルゴー＝スミスのいわゆる四段階説――それは実質的にはステュアートにもある――に最終の一段階、すなわち世界経済を単独で支配する超大国民のみの達する農工商業段階を加えたものであって、のちの歴史学派の各種の段階説よりも、むしろ一八世紀英仏の段階説の直接の継承である。

第二に、リストの全社会科学体系の基幹ともいうべき長論説「農地制度論」（一八四二年）は、西欧諸国の土地制度の差違ないし個性がそれら諸国の近代化（→資本主義）の個性を、そのそれぞれの制度的欠陥とともに生んでいるという認識を明示すると同時に、ここから、ドイツには――零細農業に立脚するフランス、資本家的巨大農場に立脚するイギリスのそれぞれとことなる――中産的農場（近代的国家市民〈Staatsbürger〉の経営する農場）を創設すべきことを提唱したものであって、リストの主著の要請する、国民的産業資本のための国内市場の確保と、それを目的とする保護関税システムとは、以上の提唱と相応じてはじめて一貫するはずのものなのであった。ところがこの提唱は、他方でリストに、古代ゲルマンの土地制度への積極的評価・家産法的措置（→J・メーザー）、中規模エンクロージュアに伴う農村過剰人口のハンガリーへの植民、等の立論を促したのであって、のちの歴史学派のものとはことなる独自のロマン主義が、リストの総体系を染め上げることとなる。そうしてこのロマン主義は、ドイツの社会思想の潜流となった。

第三に、リストの世界史的視野は、古代世界の人間類型と近代のそれとの本質的相違への着目にも及んでおり、彼は、古代世界における自然の豊饒が生産者大衆の勤労意欲の欠如と巨大帝権の成立とを導出したのに対し、近代西欧世界における自然の貧痩は大衆に勤労意欲と技術の尊重と自立とを与え、同時に巨大政権の成立を妨げたと論じたのであった。この洞察は『国民的体系』の補完として一八四四年に立言されたものであって[11]、それはスペインを視野に入れたステュアートの世界史的認識に相応ずるとともに、後代のM・ヴェーバーの広大な学問的世界をさえ予想させるに足るものであった。

われわれの関心をひくところは、歴史学派の諸峯が、リストのこういう世界史的認識について無関心だったという事実である。彼ら教授たちは、「農地制度論」がL・ホイサー編の最初の『リスト著作集』で、省略をふくみながらもすでに一八五〇年に公刊されていたにもかかわらず、また学史研究が彼らの関心の向かうところであったにもかかわらず、当の「農地制度論」も、またリストの総体系も、彼らの留意するところとはならなかった。ロッシャーも、シュモラーも、「農地制度論」にはきわめて簡単に触れているにとどまる。そうして歴史学派のこの負の文献的伝統は、巨匠M・ヴェーバーにまで引き継がれたのであった。

4

シュモラー（一八三九—一九一七年）はA・マーシャル（一八四二—一九二四年）と同世代に属するが、J・S・ミル（一八〇六—七三年）やK・マルクス（一八一八—八三年）はむしろロッシャー（一八一七—九四年）の同時代人である。マルクスの広大・深刻な歴史認識については、ここで触れる余地がなく、またその必要もないであろう。われわれはただ、マルクスを外部に置いての、歴史学派の出発という事実にいちおう関心をもっていればよい。——マルクス自身は、たんにリストの『国民的体系』を早くに読んだのみならず、その「農地制度論」をもはっきりと視野に入れていたのではあったが。[12]

歴史認識・歴史研究ないし歴史的洞察を深く有機的にふくんだ経済学の大体系は、ステュアートとスミスとマルクスと以外には見当たらないといってよい。ただしA・マーシャルの『経済学原理』(1890. 8th ed. 1920) は、その「続巻」である『産業と商業』(一九一九年) と合わせれば、前記の三人の塁にわずかに迫るであろう——この「合わせる」作業は、依然としてわれわれの課題ではあるが。J・S・ミルの体系には世界史的洞察の深みが欠けるし、シュモラーの前掲の『綱要』は、マーシャルでは『原理』にあたる局面に新鮮度が欠けるため、彼に托してシュンペーターが理想とした「経済社会学」(Wirtschaftssoziologie)[13] と呼べるものに到達しているとはいえず、前記の三人の代表作と肩を並べることはできないとすべきである。晩年のシュモラーは客観的価値判断の存在の主張をヴェーバーの批判から守ろうとしたばあいにマーシャルを引合いに出し[14]、マーシャルの方ではその歴史研究にかかわってシュモラーを追慕しているのであって[15]、シュンペーターはここから、このふたりが同一の世界に由来していると述べているけれども[16]、シュモラーはマーシャルとことなって、正統的経済理論の開拓によって世界史の先端の風圧に立ち向かうということがついになかった。またマーシャルはマーシャルで、自己の研究の発表の順序を、第一に経済理論プロパーに、第二に経済史に置いたのであった。

ケインズはその師マーシャルを追悼したとき、後者が六巻にも及ぼうとする経済史の著述に従事していたことを語り、碩学J・クラッパムが一七世紀以来の経済史にかんするマーシャルの豊富な知識を史家W・カニンガム以上であると評価したと補記している[17]。そうしてこのかぎり、カニンガムをそのひとりとしてふくむいわゆるイギリス歴史学派は、ドイツの歴史学派の影響を受けながらも、母国での経済学史の主潮の影の下に置かれているといってよいであろう。そうしてまた、その後における社会経済史研究という独自の学問領域の成立が、現時点においては経済社会学の建設という方向を明示していないことを、われわれは認めざるをえないのではなかろうか。なお、これにかんして、われわれはシュモラーの有名な重商主義論[18]が、彼の爾余の豊富な個別的・細目的歴史研究にもかかわらず、こんにちでは古色の深いものであることを省みざるをえない。絶対主義プロイセンという舞台は、カニンガムやマーシャルの踏んだ舞台に比べれば日の当たることが遅く、この事実はシュモラーの学問的認識をも制約せずにはおかなかったのである。

5

アメリカのいわゆる制度学派に歴史学派の影響があきらかなこと、ここでもシュンペーターによれば、とくにシュモラーが制度主義（Institutionalismus）の父となったということは、否定できない事実である[19]。ただし、一九世紀初頭から二〇世紀初頭にかけてアメリカ人でドイツの諸大学に学んだ者の数は厖大であったから、彼らはドイツのさまざまな大学教授から享けるところが多かった。また一方、浅い歴史しかもたぬアメリカの研究者たちが、歴史学派の「歴史的」方法に浸透される余地はむしろ少なく、広いドイツ経済学における経験的方法や社会有機体の観念や相対主義等がかえって受け容れられたのであった。それは広範な社会学的方法といってよいであろう。やがてパックス・アメリカーナの展開によって、この方法は一方での経済学の数学化と対立することともなるが、ともあれ、アメリカへの「広義の」歴史学派の影響は、Th・ヴェブレン↓J・R・コモンズ↓W・C・ミッチェルの線にいちじるしく、またH・C・アダムス、J・B・クラーク、R・T・イリー、E・R・A・セリグマンらの存在も忘れえないであろう。[20] とくにヴェブレンは、新歴史学派、なかでもシュモラーを積極的に評価して、後者が歴史的細目研究を予備的手続きとする、ダーウィン的進化論的経済学の樹立をめざしたと判定したのであった。ただしこのばあい、シュモラーの倫理主義がそのあるべきダーウィン主義の制約となったことも指摘されている。またヴェブレンはマルクスと深く批判的に対立しているのであって、この点でもシュモラーとことなるスケールをもつというべきであろう。

なお、アメリカにおける歴史学派の影響といっても、ヴェブレン↓コモンズ↓ミッチェルの線は、同時にむしろ、シュモラーを主峯とする山脈と標高を争う別の連峰を示しているというべきであろう。また、歴史学派との対比において、われわれはアメリカでの経済学史研究の厖大な成果を忘れることができない。すなわちミッチェルの『経済理論の諸類型』[21]や、ドーフマンの『アメリカ文明における経済的精神』[22]等がそれである。ロッシャーの業績をも超えるこれらの大作を見れば、シュンペーターの超大作『経済分析の歴史』のいちおうの完成にも、こういうアメリカ学界の地盤があったというべきであるかもしれない。

6

シュモラーを中心とするいわゆる新歴史学派が包摂する人々の範囲は広いが、ここではとくに、クニースの学生であったと同時に広大かつ独自な歴史社会学の領域を開拓してドイツにおける歴史的経済学↓経済社会学を超克したM・ヴェーバーだけを――歴史学派の外に出た者として――一瞥することとする。それは一面では、青年ヴェーバーがすぐれた経済論者だったからであるし、また他面では、歴史学派から脱却したヴェーバーがはじめて世界史的課題の前線に立ちえたことに注目したいからである。この意味で、シュモラーを継ごうとしたシュンペーターを「最新歴史学派」と呼ぶことがあるにもかかわらず[23]、ヴェーバーを歴史学派の殿将とみなすことのほうが、経済学史の区分としては自然であるように思われる。もっとも、こう云うのは、歴史学派から脱却したのちのヴェーバーこそ、研究対象としてシュモラーとは比較にならぬほどの意義を担ってきたという事実の意味を軽視するものではなく、かえってその逆なのであるが。

ヴェーバーはいつごろまで、経済学者として歴史学派の新進（Wir Jünger der deutschen historischen Schule）[24]の位置にとどまっていたのだろうか。

彼の早期の傑作であるオスト・エルベの農業の分析（一八九二―四年）は、独自の人間類型論と国民主義とに立脚する一方、メンガー的理論体系の外部で立論しているかぎりで、歴史学派の流れのなかにあるすぐれた業績であり、他方、それにつづく複数の取引所論（一八九四―六年）は、ゆきとどいた制度的研究であって、これも歴史学派の領域に属するものである。これらは周知のフライブルク大学就任演説（一八九五年）と相俟って、若いヴェーバーの学的・実践的関心の所在を示すであろう。しかし、フライブルクへの就任を控えて、彼は経済学一般の広範な研究に集中した、一年以上と思われる期間をもったのであって[25]、それはフライブルクでの彼の地位が経済学および財政学（Nationalökonomie und Finanzwissenschaft）だったからであった（この地位にははじめF・v・ヴィーザーの名もあがっていたのである）。若い天才にとってのこの集中期間の存在は、経済学者ヴェーバーの成長に対してゆるがせにできない意義をもつであろう。

フライブルクでのヴェーバーの講義と、それにつづくハイデルベルクでの彼の講義（一八九四―五年〔冬〕―一八九六―七年〔冬〕）とは、その構成、最初の部分の要綱、全体にわたる文献案内を、現在刊行中の『ヴェーバー全集』の別冊付録から窺うことができる。(26) 彼の両大学での講義の題目もまた知られている。(27) それらを見わたすと、講義の目的とした範囲が、方法・基礎概念・歴史・学史・理論の全域にわたってきわめて広大であったことが推測されるが、もとよりそれはメンガー流の理論的展開ではなく、歴史学派の正統を継承するものであったことが十分に理解できる。(28) もっともそこには、方法論争の書をふくむメンガーの諸著や、ベーム＝バヴェルクの論説やヴィーザーの労作もあげられているし、さらにジェヴォンズ、ワルラス、マーシャル、マルクス、エンゲルス、カウツキー等々の名もまた漏れてはいないのである。しかし、そこにあげられた厖大な文献群を概観すれば、当時のヴェーバーがシュモラー・メンガー論争に深い関心を集めていたとは思うことができない。――そうして、一八九八年に発病して経済学教授の地位から離れたヴェーバーがようやくロッシャーとクニースとの方法の批判＝歴史学派の自己批判をはじめたのは一九〇三年、「プロテスタンティズムの倫理」を発表したのはつづいて一九〇五年のことであった。こうしてヴェーバーは、経済学を離れると同時に歴史学派を離れ、独自の歴史社会学の世界に旅立つのである。それはシュモラー的（↓シュンペーター的）意図からの訣別でもあった。後期歴史学派には、なおA・ヴァーグナー、L・ブレンターノ、W・ゾンバルトらの巨匠が存しながらも、その学派の終局はほぼ、一九三八年の『シュモラー生誕一〇〇年記念文集』二冊で画することができるが、(29) その最盛期はヴェーバーのこの訣別の時点で終わるとしたい（それはシュモラーの巨大作の成立期とかさなる）。ヴェーバーはこうして、歴史学派を離れるとともに、国民主義を超えた世界史的気圏に到達し、旧来の相対主義や倫理主義や心理主義を方法的に深処で変容させ、ドイツの哲学・史学・法学等と並んで学問史の先端を開拓しつつ、とくに西欧の精神史的最前線に立つこととなった。そうして、それは歴史学派がついに立つことのなかった前線なのであった。

こんにちの経済学における世界史的前線は、斯学による環境問題の有効な包摂という地帯にある。歴史学派とくにシュモラーの再評価という学界の問題意識はシュンペーターに発するものといってよいであろうが、シュンペーター的学問世界の充塡が果たして斯学の世界史的前線の構築となりうるかどうかについては、むしろ各人の再考すべきところであろう。

注

（1）W. Roscher, *Zur Geschichte der englischen Volkswirtschaftslehre im sechzehnten und siebzehnten Jahrhundert*, 1851.

（2）Roscher, *Geschichte der National-Oekonomik in Deutschland*, 1874.——ロッシャーの数多くの著書のうち、Wirtschaft und Finanzen 社から刊行中の»Klassiker der Nationalökonomie«双書中に収められているのは、本書と、*Ansichten der Volkswirtschaft aus dem geschichtlichen Standpunkte*, 1861 とである。

（3）その代表的なものとして、W. Hasbach, *Untersuchungen über Adam Smith und die Entwicklung der Politischen Ökonomie*, 1891 をあげるにとどめる。

（4）Cf. J. A. Schumpeter, *History of Economic Analysis*, 1954, pp. 507, 808. 東畑精一訳『経済分析の歴史』3、岩波書店、一九五七年、一〇六五—六六ペイジ、5、一九五八年、一六九六—九七ペイジ。

（5）Cf. Schumpeter, Gustav v. Schmoller und die Probleme von heute, *Schmollers Jahrbuch...*, Jg. 50, 1926, in derselbe, *Dogmenhistorische und biographische Aufsätze*, 1954. わが国での注目されつつある新研究としては、田村信一『グスタフ・シュモラー研究』、御茶の水書房（一九九三年）がある。

(6) Schmoller, *Grundriss der allgemeinen Volkswirtschaftslehre*, 2 Bde., 1900–4.
(7) Sir James Steuart, *An Inquiry into the Principles of Political Oeconomy*, 2 vols., 1767.
(8) Cf. Montesquieu, *De l'esprit des lois*, livre 19, chaps. 4–5 ; Steuart, *op. cit.*, e. g. bk. 1, ch. 2 ; *Works*, II, 1805, p. 20.
(9) Cf. W. Sombart, *Die Anfänge der Soziologie, Hauptprobleme der Soziologie. Erinnerungsgabe für Max Weber*, Bd. 1, 1923.
(10) Cf. E. Wendler und H. A. Gemeinhardt (hrsg.) »Nachrufe zum Tode von Friedrich List«, *Reutlinger Geschichtsblätter, Jg.* 1996, Neue Folge Nr. 35.
(11) Cf. F. List, Die anonyme Statistik gegen das Nationale System der politischen Ökonomie, *Friedrich List. Schriften, Reden, Briefe*, Bd. 6, 1930.
(12)『資本論』の最終の注を見よ。
(13) Cf. Schumpeter, *Dogmenhistorische ... Aufsätze*, op. cit., p. 181. 玉野井芳郎監訳『社会科学の過去と未来』、ダイヤモンド社、一九七二年、四七〇ぺイジ。
(14) Cf. Schmoller, Die Volkswirtschaft, die Volkswirtschaftslehre und-methode, in *Handwörterbuch der Staatswissenschaften*, 3. Aufl., Bd. 8, 1911 (Schmoller, *Kleine Schriften zur Wirtschatsgeschichte, Wirtschaftstheorie und Wirtschaftspolitik*, Teil 6, 1987, p. 993) 戸田武雄訳『国民経済、国民経済学及び方法』、有斐閣、一九三八年、一七二ぺイジ。
(15) Cf. Marshall, *Industry and Trade*, 1919, p. vi.
(16) Cf. Schumpeter, *Dogmenhistorische... Aufsätze*, op. cit., pp. 198f. 玉野井監訳、前掲、四九四―五ぺイジ。
(17) Cf. J. M. Keynes, *Essays in Biography*, 1933, in *The Collected Writings of J. M. Keynes*, vol. 10, p. 210. 大野忠男訳『人物評伝』、『ケインズ全集』第一〇巻、東洋経済新報社、一九八〇年、二七八―九ぺイジ。
(18) Schmoller, Das Merkantilsystem in seiner historischen Bedeutung, *Jahrb. f. G. V. u. Vw.*, 8, 1884, in Schmoller, *Kleine Schriften*, op. cit., Bd. 1. 正木一夫訳『重商主義とその歴史的意義』、伊藤書店、一九四四年。ただしこれは、プロイセンのフリードリヒ二世の経済政策にかんする一連の論文の一つである。
(19) Cf. Schmpeter, *Dogmenhistorische... Aufsätze*, op. cit., pp. 165–6. 玉野井監訳、前掲、四四七―八ぺイジ。ただ

しシュンペーターは、こういう表現の内容の空疎であることをも指摘した。

(20) 制度学派については、とくに田中敏弘『アメリカ経済学史研究』(晃洋書房、一九九三年) から教示を受けるところが大きかった。

(21) W. C. Mitchell, *Types of Economic Theory from Mercantilism to Institutionalism*, ed.... by J. Dorfman, 2 vols., 1967–9. これは一九一三—三七年の講義ノートにもとづいている。

(22) J. Dorfman, *The Economic Mind in American Civilization 1606–1865*, 3 vols., 1946.

(23) 田村、前掲、三三五ペイジによる。

(24) M. Weber, *Der Nationalstaat und die Volkswirtschaftspolitik*, 1895, p. 22. *Max Weber Gesamtausgabe*, Bd, 4, 2. Halbband, p. 563. 田中真晴訳『国民国家と経済政策』、未來社、一九五九年、四二ペイジ。

(25) Cf. K. Tribe, *Strategies of Econocic Order*, 1995, pp. 82f.

(26) M. Weber, *Grundriss zu den Vorlesungen über Allgemeine* (*'theoretische'*) *Natinalökonomie* (*1898*), 1990.

(27) Cf. Tribe, *op. cit.*, p. 83.

(28) ことにこの別冊の pp. 29–30 を見よ。そこには経済学の歴史学派から足を抜こうとするヴェーバーさえ窺われる。

(29) A. Spiethoff (hrsg.), *Gustav von Schmoller und die deutsche geschichtliche Volkswirtschaftslehre* : *Festgabe zur hundertsten Wiederkehr seines Geburtstages*, 1938. Cf. Y. Shionoya (塩野谷祐一)' Schmollers Forschungsprogramm—Eine methodische Würdigung, in *Vademekum zur Wiederausgabe des Schmollers Lebenswerkes "Grundriss"*, 1989, p. 59n.

回想と立言

わたくしの経済学史研究――一つの回顧（一九九〇年）――

わたくしは一九三九年に東大の経済学部を出て、翌四〇年に東北の福島高等商業学校の専任講師になったから、今年で教師歴はちょうど半世紀になる。戦後、新制の福島大学の経済学部ができるときにその教授になったから、大学教授歴は四〇年である。

大学の教師は誰でも同時に研究者であるが、一人格のなかに占めるこの両者の比率は、とうぜん人によってさまざまである。わたくしのばあい、教師が三〇パーセント、研究者が七〇パーセントぐらいの比率ではなかったろうか。つまりわたくしは研究者として生涯を経たものといえるのではなかろうか。むろん大学の教員には教職に必然的に伴うさまざまな事務や会議や、すすんでは大学行政への参加などという仕事があり、彼の研究者としての面でも、学会での活動とか学界のさまざまなことがらの推進とかいう仕事がある。わたくしはそういう局面での雑用を逃げていたわけではない。ことに福島時代（一九五五年まで）には戦後に急造された学部の充実に力をつくし、そのころの回顧を、すでに書かれている諸文献とは別に自分のペンで書いておきたいという意図をもってもいる。また経済学史学会には、名誉会員に推されるまでは一貫したこころざしと労働とを捧げた。しかしそれにもかかわらず、わたくしは学部長というものを立教大学で一期勤めただけであるし、学術会議の会員の席を用意されたときにはそれを謝絶した。わたくしが書斎の生活を好んだからにほかならない。

わたくしは一面では、良い教師としての資格には欠けていたと思う。講義のための準備の時間を惜しんでそれを自分のテーマの勉強にふり向けることが多かったし、長時間にわたるゼミナールというようなものもめったにおこなわなかった。もっともわたくしの日ごろの考えでは、講義は一夜漬けの勉強の披露では学生の興味も引きおこさなければ、彼らの理解もえられない。こなれ切った話こそがマスプロの対象には滲み込むのである。とはいえ、わたくしがゼミナール生の名前もなかなかおぼえなかったことは、わたくしの研究者以前の資質にもとづくとはいえ、申し訳ないことと思っている。良い教師をわたくしは尊敬する。

わたくしの学問上の労作の特質を職人的だと——あるいはとくに園耕的だと——いわれたことがあるが、若い研究者の育成に当たっても自分にはそういう点があるかもしれない。わたくしは手を引いてていねいに導くということが苦手で、自分で育つ人を見守りながら支えるというのが、大学院でのふつうのやりかたであった。初期イギリス重商主義理論の解明に貢献した渡辺源次郎氏は福島でもっとも古くわたくしの指導した人だが、同氏が書いたところによると、戦後まもないころ、若い研究者だった氏に、わたくしはラモンド・ド・ルーヴァーの新著 *Gresham on Foreign Exchange* (1949) を渡して、それを勉強してみたらと勧めたあと、「むずかしければ読まなくてもいいんだよ」といったそうである。わたくしは自分の学問のやりかたを後進が「見取る」ことを、昔の職人のように望んできたのかもしれない。しかしまた他方、わたくしは多くの雑誌や抜刷から有望な新進研究者を見つけることを楽しみとし、その人々の業績の公刊にお力添えできることを満足とした。教師よりも伯楽であるのがわたくしの本領であったのであろうか。だからわたくしは、若い研究者が研究領域をわたくしのそれに近づけることを望んだことはなく、まして強制したことはないし、もとより他人のイデオロギーに干渉したこともない。こういう点は微妙なところだが、わたくしにボスの資格が欠けるのは、やはり自分の学問の職人的な特質にもとづくともいえよう。

もっとも、わたくしは研究者の孤高を気負ったことはなく、矜持よりもむしろ善意を大切だと考えてきた。たくさんの方々の翻訳のお手伝い――手直し――を、できるだけひそかに引き受けたのも、そういう気持ちからだったであろう。ただしそういう労働は、学界の運行を進める仕事として果たされたのであって、わたくしのいわゆる「弟子」を世に出すためにおこなわれたのではない。だから教師として研究者としてのわたくしは、若い世代の人たちから、冷たいとも温かいとも見られたであろうし、厳しいとも（あるいは）やさしいとも思われたであろう。わたくしはただ、おのずから才を愛し、若い同学の成育を――育成をというよりも――たのしく思ってきただけのことである。ここは詳言する場所ではないが、自身が若いころ特定の師に仕えなかったという幸せと、研究経歴のはじめの福島高商時代に、先輩や同僚たちから自由な研究の雰囲気に恵まれたということも、研究者としてのわたくしにそういう性格をあたえたのであろう。戦時下にあっては、そういう出発はきわめて例外的だったといってよい。中村常次郎、藤田五郎、熊谷尚夫などの人々の名がそういう出発点に結びついている。また、大塚久雄先生――先生はわたくしの属していた本位田祥男教授のゼミナールの先輩だが、偶然の出逢いから大学入学以前に個人的に相識（？）をえた――の業績も、右の出発以来、わたくしを支えてくれたというべきである。

わたくしが特定の師に仕えなかったのは、卒業以来東大のなかで生活したことがないからである。いまに至るまで、わたくしはめったに東大に出入りしたことがない――二、三度、非常勤で講義をしたことはあったが。この点はとくに、一橋大出身の多くの同学とちがうところのように思われる。いま顧みれば、わたくしは研究生活上、辺境の孤軍の指揮（？）者のようなものだったのであって、長安の人士の生活とは生涯かかわりをもたなかった。自分の労作も、みなそのときどきに自分が属し自分が大切に育ててきた、研究機関の機関誌、すなわち福島大の『商学論集』、立教大の『立教経済学研究』、大東文化大の『経済論集』に発表したものであって、評論員としてかかわりのある諸研究機関の雑誌、すなわち『社会経済史学』、『土地制度史学』、東大『経済学論集』などには、わたくしの論文は一つとして載ったことがないのである。そうしてわたくしはそういう自分の生涯を、むしろ満足なものと思いつづけてきた。わたくしにもむろんプライドのようなものはあろうが、あったとしてもそれは、南方戦線の一兵士としての日常に自身を耐えさせたようなプライドである。いっさいのアウトリテートはわたくしには厭うべきものである。

わたくしは一九四四年に「出征」し、敗戦の翌年に帰国することができたが、そのときかろうじて教職にもどって以来こんにちに至るまで、おもに経済学史の講座を担当しつづけ、またゼミナールでは永年変わらずにアダム・スミスの『国富論』を読んできた。敗戦直後には新制大学設置委員会というものがあって、そこで経済政策の教授資格を認められたのが一九四八年、経済学史の教授資格を認められたのが五二年であったが、右の経済政策の資格も、すでに「出征」前の四三年に刊行した『フリードリッヒ・リスト序説』（伊藤書店）等によって認められたのであったから、研究者としては一貫して経済学史＝経済思想史の畠を耕しつづけてきたといえよう。高等商業学校では植民政策や農業政策などをも若年で受け持ったし、大学でも社会思想史や外国書購読を担当したことがあったけれども、それらは短期間にとどまった。わたくしは昨一九八九年西ドイツで講演と研究報告《レフェラート》とをそれぞれ一回ずつおこなう機会をあたえられたが、そのおり語り合った同国の現役の教授たちにとっても、わたくしのような研究歴と教授歴とは珍しいらしく、「それは羨ましいことだ」とか、「なにごとにも歴史は大事だ」とか、あるいは「それでは収入は少なかったのではないか」とかいう感想を聞かされて、現代の日本の一教授の守ってきたアカデミックな研究的生涯が西ドイツにおいてさえいまではむしろ奇異であることに、さすがに感慨を催したのであった。しかし日本にあっても、経済学史という研究領域は――その効用をわたくしはすでに一九六七年に自編の小著『経済学史』（有斐閣双書）の序説で書いている――こんにちではしだいに専門分野としては認められなくなっており、わたくし個人としては自分が絶滅寸前の生物の一種類であるような気持がしないでもない。もっとも、滅びるものは滅びるにまかせよ、というのがわたくしの根底にある思想であるらしく、諸大学での学史の講座がしだいに縮小されつつあるという事実に対しては、わたくしは深刻な感想も、いわんや危機感も、抱いてはいない。わたくし自身は経済学史という学問を意図的に護ったという気持でいるのではなく、ただ、わたくしの生涯的な関心の集中した問題領域がおのずから（あるいはたまたま）経済学史という専門分野の一部とかさなったにすぎないのである。しいて限定すれば、わたくしは自由な社会科学者の一人であり、研究成果を文章化することに苦しみとともによろこびを感じている学究者である。

わたくしの半世紀の学問上の仕事は、合計五、〇〇〇ペイジ弱の『小林昇経済学史著作集』全一一巻としてまとめられているから、誰にとっても近づきやすく、隠すところがないはずである。この『著作集』は、はじめ一九七六年一月から七九年一二月までの四年間に九巻を未來社から出版していったん完結したが、のちに八八年八月に第一〇巻を、八九年九月に第一一巻を、続巻のかたちでおなじく未來社から出し、いまの全容となった。今後さらに続巻を付加するつもりはない。自分で気のついているかぎりでのこの『著作集』の特色はおおよそつぎの通りである。

第一に、経済学史の労作に限定したやや大規模な著作集というものは、世界の学界で類を見ないもののようであり、この形式的な点ではきわめてユニークであろう。むろんこの『著作集』の著者兼編者は、こういうユニークな仕事をまとめようとこころざして生きてきたわけではない。たんにユニークだということにはなんの意義もないからである。研究者の成果にはギネスブックは無縁である。――わたくしは前記のように、たまたま経済学史の一隅を生涯耕しつづけたのであって、経済学史の全領域にわたるできるだけ広範な通史を書こうと企てたことはなく、その結果が、網羅的な『経済学全史』ではない、現前の『経済学史著作集』となったまでのことなのである。

第二に、わたくしはこの『著作集』を、じぶんのやや久しい研究生活の諸成果の機械的集成としてまとめたのではない。わたくしは当の『著作集』を、すべてにわたって手作りで、しかも思い通りのかたちで編成し、そのことをつうじて、現役の研究者という資格で頽齢ながら新鮮に学界にあらためて参加しようとこころざしたのであって、この目的のために、いくつもの新論文を書きおろして付加し、新文献や新規の注などをもややたっぷり書き加えた。この『著作集』はわたくしの還暦の年にはじめられたのだが、現代の日本人にとっては還暦はすでに生涯の画期ではないというのが、当時のわたくしの身心的実感であって、ここからわたくしは、自分のために旧套的な還暦記念論文集というようなものが他人の手で編まれるのを不都合と感じ、むしろ六〇歳という時点を一つの出発点として選んだのであった。しかしいまになって思えば、この企画はやはりわたくしの健康にとって大きい賭けであった。わたくしは途中で気力の衰えの萌すべきことを懸念して、『著作集』の編集期間中は四年以上にわたっていっさい健康診断を受けなかったが、そのようにしてもなお病気から免れたのはたんに幸運な偶然だったにすぎないようである。電車の吊り革につかまりながらも校正刷りに目をさらしていたといったような日々は、いま回顧すれば無残である。

第三に、この『著作集』は、イギリス重商主義→サー・ジェイムズ・ステュアート、アダム・スミス、およびフリードリッヒ・リストという、三つで一団をなすフルールを耕したものであって、その作業の一貫性と相関性とに、特色があるといってよいであろう。もともと、マルクスの仕事を再編成して学史を書くという作業にとどまらず、マルクスをはじめさまざまな理論家の直接間接の学史研究を踏まえつつ、じかに古典に接しまた古典を発掘して、それらの研究をこころみるという、『著作集』での手続きは、わが国でも戦前から見いだされなかったものではない。けれども、リストから歩みはじめて右の三つのテーマの相関を対象としながら、そのばあいに経済学史と経済史とのあいだを往反してそれらの相互浸透のうえに諸古典を蘇らせる、という作業は、おそらくはわたくしの自然に開拓したものである。そうして、おなじく文献実証的方法というかぎりでも、わたくしの仕事は近時の新しい世代のそれと、どこかでやはりちがう性格をもつようである。

第四に、わたくしはいってみれば自分の鼻の向く方角に研究を進めているあいだに、日本人としては世界の学界が無視ないし軽視していたいくつかの学説史上の古典を発掘したのであって、この『著作集』には、右の発掘にもとづく新しくて広い視野の展開と、それに伴う発見者自身のおどろきとよろこびとが、(たぶん)満ちわたっているはずである。これらの発掘物のうちの大きなものを例示すれば、リストの「農地制度論」(一八四二年)や「経済学の国民的体系に対する匿名の統計――農・工・商業の関係について、また古代の経済史について」(一八四四年)であり、ジョサイア・タッカーの『旅行者への指針』(一七五八年)や『四論説』(一七七四年)であり、さらに、田添京二氏と雁行しつつ分析をはじめた、J・ステュアートの大冊『経済の原理』(一七六七年)である。もっとも、発掘の前にはむろん出逢いという偶然があるが、この出逢いのもうひとつまえには独自の問題意識が必要なのである。ともあれ、わたくしの研究的遍歴はわたくしに学史的文献の宝庫の一隅にはいるという経験をあたえつづけてくれた。この点でもわたくしは幸運であったとしなくてはならない。

第五に、わたくしは一九五五年に『重商主義解体期の研究』を未來社から出して以来、久しく同社の社長西谷能雄氏と親しい交わりをつづけ、さらに幾冊もの単行本を同社から公刊した。そうしてそのために、自分の『著作集』をまったく自分の望む通りの編集と組版とのしかたで同社から出してもらうということができた。これはつまり、著者が（収入の点は別としてだが）自作の公刊に当たってせいいっぱいのわがままをとおさせてもらった——あるいは創意を実現させてもらった——ということなのであって、この点もまた、わたくしの『著作集』のはっきりした特色だといえるであろう。逆にいえば、わたくしは早くから、自分の特殊な仕事の自由な発表のために、学者仲間の通念とはちがう、出版社（者）の選択をおこない、それとの継続的関係を培ってきたのであって、たとえ出版部数は少なくても、十分な——あるいはときにわずかさえもの——印税は期待できなくても、また世間的な知名度はきわめて低くとどまっても、それに満足するというのがわたくしの平生の覚悟だったのであって、そういう覚悟が『経済学史著作集』全一一巻の出版を可能にしたのだとわたくしは信じている。わたくしは自分のささやかな希望の実現のために、捨てるべきものはあらかじめ捨てたのであった。なお、わたくしは金銭的収入への配慮を軽蔑も軽視もする者ではない。ただ、収入の問題は出版とは別の局面で考えるべきだという判断と、世間的知名度の高さは研究生活の密度と反比例せざるをえないという認識とは、わたくしの生活的信条にかかわることであった。そうして、帰還兵にあたえられた後半生に自己の信条をできるだけ謙虚に守ろうとしてきたのが、わたくしの生活態度である。

自己審査をしたうえでくりかえしていうことだが、わたくしは孤高を求めたことはなく、孤高のポーズをとったこともないつもりである。わたくしは人々との付き合いは長くつづくほうだし、批判を受け入れるのにもつねにやぶさかでなかったつもりである。すくなくとも、自分が偏狭で唯我独尊の理論家でなかったことはたしかだといってよいと思う。わたくしが反批判論文として、ときに厳しすぎる文章を書いたという印象が学界に残っているらしいが、それはよくよくのばあいのことであって、読むことがわたくしよりもはるかに少なくて言うことがわたくしよりもはるかに大きいというような、あるいは文献研究の初歩の手続きにさえ暗いというような、批判論文に会えば、捨ててはおけぬと思ってもいたしかたないであろう。わたくしの側としては、この人間は自分の学問を自分の内部に育ってくる精神的植物であるように感じてきた者であって、長い時間をかけ、この植物の成長のためにできるだけ十分な水分と栄養とを吸収してゆこうというのが、自分の身についた方法であった。だから、個々の論文には筆者自身に感じられる未完成な点、あるいは新しく生まれた問題が残り、そこから自然につぎの論文が展開されるというのが、わたくしの研究の一つの特徴であって、こういう意味では研究対象の領域自体にはあまり変化が見られず、そのかぎり時流に超然としているような感をあたえるということがあったであろう。さきにもしるした表現を使えば、わたくしは自分の鼻の向く方角におのずから従いつつ、遠い地平をめざして歩いてきたというにとどまる。

わたくしは数年前、フリードリッヒ・リストにかんする日本での講演のあとで、「なぜいまリストなのか」という質問を受けたことがある。しかしわたくしとリストとの付き合いは、学生時代に大河内一男先生の外国書購読で彼の主著『経済学の国民的体系』に接して以来、すでに半世紀を越えるのであって、こういう付き合いかたのなかに「いま」という意識があったとしても、その「いま」が特殊なものであったことはあきらかであろう。古典の生命力はいつも特定の「いま」に終わらぬものを燃やしているとわたくしは思っているし、それになによりも、わたくしは一定の意識をもって古典にはいってゆくのとは逆に、むしろ古典のほうからこちらが捉えられたのであった。そういうときのわたくしに世間の「いま」の命令はなくとも、独自の「いま」はいつもわたくしのなかで半ば無意識にはたらいていたはずであって、それが学問的誠実とかかわるものだとわたくしは思いたい。

もっとも、わたくしは戦時中から現在に至るまでに、時流と時機とに棹さそうとする学者たちをいやというほど見てきた。そういう意図が当人たちに自覚されていないばあいには彼らは低級であり、自覚されているばあいには狡猾であるが、いずれにせよ彼らの身ぶりは、それが虚しいという点では同一である。わたくしは戦時下に兵隊であったために、耐えるということを学んだし、また戦没を免れて帰国できたことから、自分にかんするかぎり運命の恩寵に信頼すべきことを学んだ。だからわたくしは学問上の時潮とは無縁でありつづけてきたし、研究の完成という目標についてはそれが自分の計らいの外にあることだと考えつづけてきた。わたくしの研究のやや久しい継続は、内面のうながしの継続に従ったことの結果であり、砦を守ろうというような意図とは別のものである。

しかし他面で、わたくしが一種のいいがたい疲労感を引きずりながら勉強をつづけてきたということもまた事実であって、その因るところは自分でもよくわからないが、戦争の経験が「虚無」の色合いでわたくしの肉体と精神とを染め上げたことも事実であるかもしれない——ある種のニヒリズムが持続と生産との根源であるというような思想自体は、なかなかわたくしの手におえるものではないのだが、しかしそれは別として、わたくしは論文の文章を過不足ないように練り上げるという労働は嫌いではないし、文中にときに遊ぶということの楽しさをもしだいに知るようになった。こういう点は、昭和の初期にわたくしが自然に身につけた書物的教養によるものであって、いまの世代の人たちに対してはおそらくは説明しがたいことである。

ふたたびリストにもどりたい。わたくしはリストという対象とイギリス重商主義やアダム・スミスという対象との研究を交互におこないながら、早く一九四八年に出した『フリードリッヒ・リストの生産力論』（東洋経済新報社）の成果をすこしずつ肥らせていった。そうしているうちに一九六四年がリストの生誕一七五年にあたり、わたくしは偶然その年に西ドイツに滞在してテュービンゲンとロイトリンゲンと（両市は近接している）でリストの研究を進めていた――厳密にいえば、進ませるのに文書学上の困難を感じていた――ために両市での記念祝典に招かれたのだが、そのおり相識となった西ドイツでのリスト研究者たちのうちでは、わたくしの示したリスト論のペイパーに思想的につよい不満を示す人が多かった。わたくしが前掲の「農地制度論」にもとづいてリストの体系を再編成し、そのなかにあるロマン主義の要素や、それと結合するバルカンへの膨脹主義の傾向を指摘することが、そういう人々を不快に刺激したのである。彼らはまだ、ナチズムと自分たちとのあいだのアイデンティティーを否定し払拭するのに懸命であって――そうしてその点では個々人としてはもっともな言い分もあって――、彼らが編集した『リスト全集』（一九二七―三五年）に拠りつつリストの半面からナチズムへの連接の糸の存在を立言するわたくしのペイパーは、彼らを苛立たせた。ことにアルトゥール・ゾンマー教授がそうであったし、比較的若い世代に属するK・E・ボルン教授もそうであった。彼らは他方で、別の常識的な面からリストの「反動」性を指摘する、東ドイツのファビウンケ教授の仕事にも反撥していた。ことにパウル・ゲーリンク教授がそうであった。わたくしのペイパーは語句の訂正のうえでならば彼らの国の雑誌に載せるといわれたけれども、わたくしは訂正に甘んじることを断った。もともとわたくしは、日本人として日本の国内向けにリストの研究をしているつもりであり、外国の雑誌に論文が載ることをメリットとは考えなかったのである。――ところが昨年のリスト生誕二〇〇年記念の年になると、「社会政策学会」の「学史部会」のメンバーとしてテュービンゲンに集まった西ドイツ、スイス、オーストリアの現役の教授たちは、本筋では二五年まえのペイパーと変わらぬ――しかも欧州統合のためにリストを利用しようとする現在の西欧の一部のリスト研究への率直な批判をふくむ――わたくしの報告を、違和感を伴わぬかなりのつよい印象を以って聴いてくれたのであって（そのことは直接間接にわたくしに伝わった）、わたくしは時の移りを再訪の大学町で深く感じたのであった。ナチズムへのコンプレックスも、東ドイツへの対抗意識も、西ドイツの学史研究の新世代にとってはもう軽い荷でしかなかったのである。(*) こんどのわたくしのペイパーはおのずから西ドイツで刊行されることにもなった。もっとも、わたくしの英文の論説、James Steuart, Adam Smith and Friedrich List (1967)（この原日本文はわたくしの『著作集』Ⅴにおさめてある。この巻のあとがきをも参照されたい）はサリーン教授やゲーリンク教授から、またややのちにはスコットランドのA・スキナー教授から関心と評価とを受けるに至っていたのであって、時はすこしずつ移ったというべきであろう。なお、前掲の東独のファビウンケ教授も、こんど送ったわたくしの右の報告のペイパーによって、さきには十分理解しなかったように思われるわたくしのリスト研究（わたくしはファビウンケ教授のリスト研究書〔一九五五年〕への批判をふくむ論説、Die List-Forschung in Ostdeutschland, 1962を書いた。原日本文は『著作集』Ⅷに収録）にはじめて目を開き、それへの「全面的賛意」を書いてよこした。わたくしのリスト研究の客観性を、ドイツの学界は二五年かかってほぼ受け容れたのである。リスト研究という小領域をとってみても、そこでの木々の茂りのためにも、またこの茂りが涼しい陰を賞せられるためにも、多くの時が必要なのであり、それは時務の急を要するという意味での「いま」という時とはまた別の次元のものなのである。

ほんのわずかだけ、わたくしの研究の内容に立ち入ることとしよう。わたくしが最初に耕した領域はイギリス重商主義であり、これは本位田教授のゼミナールでE・F・ヘックシャーの大著『重商主義』(ストックホルム、一九三一年)のドイツ語訳(三二年)を読んで以来の継続であって、わたくしの未熟な処女論文も「重商主義の解釈について」(四二年)であった。しかしわたくしがイギリス重商主義の古典をじかに読むことのよろこびを知ったのは戦後になってからのことであって、他方でのリスト研究が進展して「フリードリッヒ・リストと重商主義」(五〇年)という論文の作成のために、チャールズ・キングの『ブリティッシュ・マーチャント』(一七二一年)に接して以来であった。わたくしはこの三冊本を、たしか(たぶん?)一橋大学のメンガー文庫で読んだのであって、以後、福島から国立を訪れることがしばしばであった。まだ「戦後」の荒廃の時代であったから、一橋大学の学生寮に(お目こぼしで)泊めてもらい、集中的に古文献のノートを採ったのである。またこの時期に、わたくしは比較的早く前掲のJ・ステュアートの『経済の原理』に接するようになり、やがてこの大体系に深入りしていった。ステュアートとのこのかかわりも久しく、すでに四〇年になる。そうしてこの四〇年の熟成させた最新の成果を、わたくしは『著作集』の続巻二冊の新しい労働で学界に提供したのであった。

ただしステュアートの大冊は稀覯であるから、わたくしはこれを、当時東北大の教授に転じて福島から仙台に通っていた、熊谷尚夫をつうじて貸し出してもらった。もちろん、ステュアートの『原理』の森を通り抜けることは、邦訳のなかったころに『資本論』の森を歩み通すのとおなじくらい困難であって、当時のわたくしが『原理』の全貌を把握できたとはとうていいいがたい。しかしわたくしは、当時の世代の学史研究者としては、熊谷との交友のなかで比較的早くケインズを読んだ一人であって、ケインズをくぐった目をもつ者として、『原理』はきわめて興味深く、またかならずしも極端に難解でもなかった。この古典にかんするわたくしの最初の立言は、五〇年三月に発表した「重商主義の貨幣理論」に示されている。わたくしのこの重商主義研究は、いまは亡い内田義彦らマルクス理論家の側からは「ケインズにいかれている」として批判され警戒もされたが、わたくしにもマルクスについての自分なりの素養や、そのほかにいわゆる大塚史学の浸透もあったから、そのご独自に『原理』の立体的理解をしだいに深めることができたと思っている。なお、こんどのテュービンゲンでの報告でわたくしは、近代化にかんするリストの基本思想をステュアートにまで遡って論じたのであったが、その席上、オーストリア学派の研究家であるヴィーンのシュトライスラー教授から、ステュアートへのわたくしの関心そのものを積極的に評価する意見が出されたのであって、それはわたくしにとっては印象深いことであった。

わたくしはイギリス重商主義の古典をいろいろ読んでそれぞれの個別論文を書き、また重商主義についての総括的論文をも書いて、この対象へのわたくしの理解——狭くいえば重商主義の概念的規定——は、すくなくとも一つの有力な学説としてわが国の学界に定着しているといえようが、それに先立つ業績としては台湾の張漢裕教授の『イギリス重商主義研究』(一九五四年)にのちに収められるに至った諸論文が、大塚久雄先生の直接の影響下にすでに成立していたことを述べておかねばならない。わたくしの重商主義研究は、張氏の研究の射程を、それが本来もっていたアダム・スミスの方向へ、時代を下りながら一歩ずつたどっていったものである。そうしてここで付言しておきたいことだが、この歩行のすえに、わたくしはスミスの同時代人といってもよい、ジョウジフ・ハリスやジョサイア・タッカーにたどりつき、さらに『国富論』と並立する『原理』の研究を進めたのであって、『国富論』の経済学史上の淵源を探ろうとしたわたくしの当初のこころざしは、やがて、『国富論』を従来よりもいっそう広くその同時代の経済思想＝経済理論の幅湊する陰影のなかに置いて理解するという、またその結果としておのずから、ポリティカル・エコノミーとしての『国富論』の達成をしだいに相対化するという、独自の学問的世界にわたくしをみちびいたのであった。リストからスミスを見るという、若いころのわたくしのいわば自然的な立場が、こうしてわたくしなりに理論化され、そこから経済理論史への新しい展望が開かれたともいえよう。そうしてわたくしはいつのころからか、経済政策思想の領域の研究者として遇されることから、経済理論史の専門家として遇されるようになった。これはわれながら微妙ななりゆきである。わたくしはこういう理論史家としては、スミス→リカードウ→マルクスという、マルクス自身の設定した経済学史のすじみちから自分を解放するとともに、他面、思想史の領域での『国富論』研究――スコットランド啓蒙のいわば波がしらとしての『国富論』研究――がこの古典をますます絶対化するという、現在の日本の学界の傾向に対しては、かなりに懐疑的である。

ついでに一言しておきたい。わたくしは旧制高校でドイツ語を第一外国語に択び、そのごもやや久しく英語から遠ざかっていたために、この世界語と付き合うことをめんどうだと感じるようになっていた。それが敗戦後の復員船上で英語の小冊子を借りて読み、意外にわかりやすかったので、帰国後すこし分厚い原典の文法書を一冊読みあげてみたら、急に英文に目があいたのである。当時南方呆けという言葉があったが、わたくしのばあいは、戦地で頭を休ませているうちに、少年期に記憶していたものが蘇ったのである。ともあれそういうお粗末ともいうべき経験をもつわたくしが、そのご英語といわずドイツ語といわず、かなりたくさんの若い人々の邦訳の仕事にお力添えをした。わたくしの参加した邦訳一般のなかで事業と呼べるようなものは、「アダム・スミスの会」で監修して一九六六年から八二年までのあいだに邦訳の計画を完了した、『初期イギリス経済学古典選集』全一三巻（東京大学出版会）であって、この選集全体の編成と編集とに、またその一冊であるJ・ハリスの『貨幣・鋳貨論』（二部、一七五七—五八年）の邦訳に、さらにまた選集のなかの八（九？）冊の邦訳のお手伝いに、わたくしは力を傾けつづけることができた。この事業は当時の「アダム・スミスの会」の会長大河内一男先生の指導のもとに遂行され、いろいろな好条件がかさなったために完結することができたもので、今後おなじような事業はけっして容易には成功しがたいであろう。

わたくし自身の訳業としては、右のハリスのもの以外に、リストの主著『国民的体系』と、おなじくリストの前掲の「農地制度論」との邦訳がある。後者ははやく一九四九年に日本評論社の世界古典文庫の一冊として刊行したが、のちに七四年に改訳し、訳注と解説とをも新たにして岩波文庫に収めた。わたくしは若い人の訳文にはずいぶんたくさんの朱筆を入れるのがつねで、それを相済まぬこととも思ってきたが、自分自身の旧訳を新たにするに当たってはかつて経験しなかった、最大量の修正を必要としたので、びっくりした。この加筆は、それまでにわたくしが他者の訳稿に加えた朱筆への申し訳である。しかしもともと、翻訳とはそうしたものなのであろう。

なお、わたくしは同学の若い人々に参加してもらって、『経済学史小辞典』というものを一九六三年に学生社から出したことがある。これには多くのエネルギーを費やしたが、自分にとってはもったいないエネルギーであったかもしれない。しかし、こういう名前の辞典も世間ではユニークなものであろう。これをいちばんよく利用したのは、むしろ外国の古書を扱う業者だったらしいが。

終わりに一言。わたくしのアダム・スミス研究は主として『国富論』研究だが、その特色についてはすでに触れたし、『著作集』のⅠ・Ⅱ両巻の『国富論研究』だけでなく、『著作集』の全体が『国富論』研究にかかわっているというべきかと思われる。ことにこのごろ、わたくしは『国富論』とステュアートの『原理』とを、継承と並立と対抗との関係に置いて、そこにポリティカル・エコノミーの起源を探ること、すなわち、経済学というような、時務的・実践的目的と高度な抽象性とをしばしば強引に結合させている学問を育ててきた、西欧文明に対する一種の批評として、この学問の起源の事態を解明することに、力を注いでいる。わたくしの『著作集』の第Ⅹ巻「J・ステュアート新研究」はそういう仕事の一端であり、わたくしがいったん『著作集』九冊をまとめたのちに新たに果たしえた、主要な仕事である。今後もこの方向に勉強を伸ばしてゆきたいと願っているが、もとより、残された時間に過大な期待を寄せてはいない。

わたくしは戦時の、しかもまだ平穏だった時代に一般的教養を自由に身につけ、こんにち東欧の解放を見るという時代まで生き延びて、一人でいくつもの時代を体験したが、そういう激動のなかで時潮をつらぬく一本の道をともかくも歩き通し、(直接のこころざしではなかったことながら) わたくしの立言は諸外国でもわずかに留目されるようになった。これを幸せと思うことが、たしなみというものであろう。しかし、南方の戦線から無事に帰還しえたこと、病弱な身をここまで保ってこられたことは、わたくしの一身にとっては、幸不幸を越えてむしろ恩寵のようなものであった。わたくしがこの恩寵に、一貫した経済学史の研究を以って果たして報いえたであろうか。

（＊）小林昇『東西リスト論争』（一九九〇年）所収の「テュービンゲンでリストを語る」、および「リスト生誕二〇〇年の〈東独〉」、さらに *Die Bedeutung Friedrich Lists in Vergangenheit und Gegenwart, Gespräche der List Gesellschaft e. V.*, N. F. Band 12, hrsg. von Hans Besters, 1990, SS. 220–1 を見よ。

付言　これはわたくしが教授歴を閉じるにあたって、大東文化大学経済学部の教員と大学院生の方々との集まりで語ったところを、のちに文章としたものである。なお、わたくしは大別して三つの大学で教授として経済学史の講座をもったが、「最終講義」と習慣的に呼ばれるような内容の特別な時間をもったことはない。

私の学問形成：戦中

いつもは暇ですが、今日に限っては夕方、家に出版社の人が来るものですから、午後四時頃までということにさせていただきたいと思います。皆さんも十二分にご承知の、ヴェーバーの『プロテスタンティズムの倫理と資本主義の精神』は現在大塚久雄先生の翻訳が出ておりますけれども、最初にこれの訳に手をつけた人は大塚先生より少し後輩になる梶山力さんで、その梶山訳というのがなかなか捨て難いというので、これに安藤英治君が厳密に校訂と補注を加えまして、新たに翻訳を出すことになって実物ができあがりました。それを今日私の家に持って来ていただくことになっています。皆さんもこの本をご覧になれば、ご専門の立場からいろいろ感想があるのではないかと思います。

ところで今日は少し昔話をしろということですが、私はいままで昔話に興味をもっておらずに、座談会とか質問を受ける集まりとかいうものがあって、アダム・スミスのこととかリストのこととか、そういうテーマをお話したことがあるのですけれども、だいたいは記憶だけをたどってお話をしたもので、ごく大ざっぱなものしか印刷になっておりません。またそのうえにこまかいところは、間違いだらけだといえるかもしれません。今回は少していねいに過去を振り返ってみようかと思いまして、早いころの私自身の仕事――まだ仕事ともいえないようなものなのですが――を振り返りましたら、いろいろなことが思い出されてくるのです。わずかな期間のことでもいろいろありますので、どうも

思います。長い期間のお話はとてもしきれません。だいたいは、私が戦争にとられるまでのお話をしてみたいと

そのお話をする前置きみたいなことを少し申し上げておきますと、私は昭和一四年に東大の経済学部をぼんやりと卒業しました。卒業の前に、松田智雄さんが先日ここでお話になった、東亜研究所の試験を受けたのです。松田さんが口を利いてくださったはずだと思いますが、それもあって東亜研究所に入ることになっていたのです。先日の松田さんのお話のプリントを読んでおりましたら、東亜研究所の所長の名前が書いてありましてあれはとんでもなく違うのですが、しかし私自身も喉のところまで出かかって思い出せません（唐沢俊樹《としたつ》氏でした）。内務官僚中のエリートで、戦後にも長野から衆議院議員かなにかに出たことのある人です。それで東亜研究所にいくことになって、そのつもりでいたのですが、なにしろ松田さんは私よりもだいぶ先輩なので、東亜研究所の地位が私よりも偉いわけです。私は採られたばかりの人間ですから、研究所に勤めることになれば一番下っ端で、毎日詰めていて机仕事をしなければなりません。つまりアジアの経済のことを急に勉強して、いろんなことを書かなければならない。今日と違いまして当時は暖房なんてなかったものですから、冬はたまったものではないはずで、どうしようかなと思っておりました。そのうちに大学の経済学部での先生方の喧嘩が激しくなりまして、平賀譲さんが総長のときでしたけれども、矢内原忠雄さん、河合栄治郎さん、大内兵衛さん、土方成美さん、本位田祥男さん等々いらして、右と左に分かれてやりあっていました。時世が時世で、日米開戦直前ですから、それぞれの立場から喧嘩は仕方がありません。喧嘩は仕方ないにしても、喧嘩をしている先生方の講義を聴くとどうもあまり尊敬できない。アカデミックな意味で「深い学殖のある」というほどの先生はどうもいない感じで、だんだんに学問をするということ自

体に疑問が抱かれてきたのです。しかもどうせまもなく兵隊にとられて戦争に行かなければならないご時世ですから、学問を始めたとしても七～八年も兵隊にいっていたのではとても続けられません。そこで松田さんに不義理をいたしまして、東亜研究所を断わって東京海上に入社いたしました。第一銀行と東京海上の入社試験を受けまして、第一銀行を落とされて東京海上にいきました。ちなみに翌年に第一銀行の入社試験を三宅義夫君が受けて入っています。

まあ松田さんには不義理をしてしまったのです。しかし私はずっとあとの、昭和三〇年に松田さんの強い要請でこの立教大学にやってまいりまして、先ほど住谷さんからこの大学の名誉教授だとご紹介を受けましたけれども、名誉教授というのは長くいたということであって、「名誉」ということとは何の関係もない称号です。とにかく私が昭和三〇年に立教に来まして、その年、生身の私のからだがくる前に松田さんが立教をお辞めになって東大のほうに移られました。松田さんは立教の経済学部の建設に努力されておられましたから、私が立教に来なければ東大に行けなかったかもしれません。それはひとつ話しておこうと思っていたことでして、あっちで不義理はしたけれどもこっちでバランスをとったというような関係であります。もっとも東大に行かれたのが松田さんにとって幸せだったかどうかということはまた別の問題で、立教に残っておられたほうがあるいはいろいろと良い点があったかもしれません。

それで私は東京海上に入って、経理部貸金係――いまで言えば貸付係ですが――に下っ端の社員見習いとして一年間勤めていました。その間に徴兵検査というものがあったのです。当時は二〇歳になりますと兵隊検査があるのですけれども、大学に行っている者は検査を延ばしてもらい、卒業すると検査を受けたのです。ですから大学を卒業した昭和一四年に、私の母の郷里であり本籍地である長野県で検査を受けました。軍医が非常に物分かりの良い人で、「お国にご奉公の仕方はいろいろあるかららな」と言い、私を丙種ということにしてくれたので、兵隊に行かなくてもいいことになったのです。そうしましたら、やはり損害保険会社に勤めているよりも勉強したいという気持ちのほうが強くなったのです。勉強したいというのにもいろいろな意味がありまして、ある学問的な問題意識をもってそれを深めていきたいというような若い人も当時もちろんいろいろいたと思いますが、私はオフィスに勤めるよりも書斎で暮らす生活の方が好きなタイプで、オフィスで算盤をはじいたりしているのはどうも性に合わない。

どうしようかと思っているところに、当時の福島高等商業学校の方から口がありまして、それで一年だけ東京海上にいて、福島に行ったのです。私はもともとかなり律義なたちなものですから、福島に決まってからも東京海上に出ていて残りの仕事を毎日少しずつ片づけていました。するとある日部長に呼ばれまして、「おまえは福島に行くことになっているのに、こっちに来ているのは何故か」と聞かれたので、「いや残りの仕事がありますから」と答えましたから、「はやく辞めてくれ。おまえが辞めないと士気に関わる」と言われました。ですからすぐ辞めました。当時は母親と一軒かまえて暮らしていたのですが、この母親をやっと説得して福島に家を移したのです。後で触れることになると思いますが、その後に徴兵に関する法律が変わりまして、私の丙種合格というのが第三乙種というのに格上げになり、第三乙種は兵隊にとられるということになりましたので、私は昭和一九年に召集されてベトナムに行くということになったのです。

それで昭和一五年に福島にまいりましたが、私が何のために呼ばれたのかという一番の中心の講座は植民政策でした。高等商業学校ですから、そのほかにもいろいろな講座をもたされましたし、ドイツ語なんかもたくさん堪能な方がいらしたので恥ずかしかったのですが、ドイツ語経済学ではなくてドイツ語そのものを教える時間がありまして、ドイツ語を教えていたことがあります。これだけは準備をしないといけませんでした。作文の問題というのがあって、日本語で書いてあるものをドイツ語にしなければならないのです。黒板の前で立ち往生しても困るかと思いまして、これだけは予習をしていかなければならない講座でした。あとのいろんな講座は、ほとんど準備をせずに即興で話しました。ほかに読みたい本がいっぱいあったからです。

実は今度古いころに書いたものを引っ張り出して見ておりましたらひとつ気がついたことがあります。それは、私は昭和一五年に福島にまいりまして、一七年に『国際経済研究』という雑誌に「広域経済圏の成立と植民学」というエッセイみたいなものを発表しているのです。これは私が植民政策の担当でしたから何か書かなければなりませんし、何か書くとなればテーマは決まっていますし、当時のことですからこういうものを書いたのです。ところがこれはむろん私の内面の欲求とは関係のないエッセイだったものですから、書いたこと自体をとんと失念していました。ですから私の『経済学史著作集』の第九巻のおしまいに私の著作目録を自分で作ったものがありまして、その［1］というところにこれがこなければならないのですが、［1］は「重商主義の解釈に就いて」になっていますから、あとの番号は全部ずらさなくてはならなくなって非常に困るのですけれども、ただしまあ、あれは『経済学史著作集』ですから経済学史に何の関係もない、ことにあまり学問的でない感想のようなエッセイですから無視してしまってもいいのですが、隠しているのではないということを明らかにするためにここで申し上げておくわけです。それが見つかりました。昭和一七年の『国際経済研究』の六月号に載せたものです。

最初に学史の論文として書きましたのは、いまの「重商主義の解釈に就いて」という題のもので、これも昭和一七年です。それからもうひとつ「フリードリッヒ・リスト序説――生産力の国民的体系――」という論説を書きました。こちらは昭和一八年であります。この二つの論説を合わせて伊藤書店というところから本を出しました。これは初版が二〇〇〇部で、再版が一五〇〇部。当時、三五〇〇部出たわけで、私が書いた学史の本のなかではこの最初のものが一番出たのではないでしょうか。当時は敗戦間際ですから、いろんなことがかなり逼迫していましたが、こういう形の本も出ましたし、印税もきちんと支払ってもらいました。私が戦争から帰ってきたのは昭和二一年で、そのときは浦賀に上陸したのですが、ガタピシしながらもとにかく電車や列車は走っていました。なんと言いますか、日本は戦争にはひどく負けて、戦争のやり方はまったく非合理的だったから、まさに「狂気の時代」と言えば「狂気の時代」なのですが、しかし市民生活を支えるところ――インフラストラクチャー(infrastructure)のようなもの――に関してはみんなが職場を守ってギリギリで支えていたのです。そのへんがどうもいまのロシアなどとはだいぶ違うところのように思います。日本がなぜ戦後復興してきたかということについてはいろいろ学問的に考えるべきところがあるのですが、結局、人と組織が敗戦にもかかわらず残ったということだと思うのです。その人というのは形式的な意味ではなんとか近代国家を形成できる国民であって、すでに形成してきた人が残っていてやり直しをしたというのが大事な点ではないかと思っています。

そこでこの「重商主義の解釈に就いて」という論文なのですけれども、私は学生時代に本位田祥男先生という方のゼミで西洋経済史を勉強していました。その本位田先生のゼミに大塚久雄さん、松田智雄さん、高橋幸八郎さん等が背広で出席しておられました。大塚さんが一番先輩で、すでに法政大学の教授だったのですが、松田さんと高橋さんは文学部を出て経済学部に入ってきていたのです。昨日、ふと思い立って大塚先生にお目にかかってきたのですが、お元気とは言えないけれどもまあまあ大きくお変わりになったところもないようでした。ただ何しろお齢ですから、あまりもう世間のことに関心をおもちにならないで、こちらからいろいろ話し出すとそれにお応えになるけれども、ご自分から話題を出すということはぜんぜんと言っていいほどなくなったという感じでした。ところで、大塚先生ははじめ本位田ゼミに二〜三回出て来られたのです。私は個人的に、高校三年のときに、いまは軽井沢の追分で新婚時代の大塚先生にお目にかかって、ひと夏、隣の部屋で暮らしたという経歴があるものですから、本位田ゼミに入るときに大塚先生に口を利いていただいたような記憶もあるのです。松田さんは先ほども話しましたように東亜研究所に入るときにお世話になりましたから、大塚、松田両氏の口利きがあったのではないかという気もしますけれども、あるいはそうでないのかもしれません。いまははっきりしません。松田さんは覚えておられるかもしれません。それで、経済史ことに西洋経済史をやりたいと思って、本位田先生のゼミに入ったのです。大塚先生は出て来られたけれども、三回目か四回目のゼミのときに、イギリスの農村毛織物工業の歴史的意義というものをめぐって本位田先生と大論争をされました。本位田先生はまだ毛織物工業の意義などというものについてお考えになるにいたらない段階でしたので、「それは君、やはり鉄工業なんかも重要視しなければならないよ」というようなことを議論のなかで言っておられました。両者が相当議論してから、大塚先生はもうゼミに出て来られなくなったのです。あの頃の大塚さんはなかなか勇ましかったですね。

私は前から大塚先生を存じ上げていたので、大塚先生のお宅——当時は成蹊大学の裏の方にありました。大塚先生のお父様の家だったのではないかと思います——に二〜三度うかがった記憶がございます。ゼミのレポートをまとめるについて、松田さんは「小林君は大塚さんのサポートがあるからいい」と言って下さったけれども、どうもそこまで、大塚さんのサポートを受けるまで私自身が発達していなかったので、具体的なサポートを受けたという記憶まではないのです。何をやったかと言いますと、まあどうせ昔話ですからまた少し脱線しますけれども、そもそも追分で大塚先生と最初にお目にかかったのは、昭和一〇年のことで、ずいぶん昔なのです。私はいまでもそうかもしれませんが、顔が若く見られるのです。当時、「小林君は何をしに来ているの」と言われまして、「ちょっと勉強をしに来ています」と答えましたら、中学の生徒が高校の受験勉強に来ていると大塚先生はお思いになられたのです。高校の学生が大学の受験勉強をしに来ているとは思わなかったのです。後で知って、大塚さんはびっくりしておられました。当時私はマックス・シェーラーという哲学者の、*Vom Ewigen im Menschen* という厚い本を一冊持って追分に行っておりまして、その本をドイツ語の勉強として読んでいました。読んでいたといってもろくにわからないのですが、当時の大学の入学試験というものは語学が主で他のものは付け足しみたいなものでした。なぜかというと、昔はいまの大学と違って一般教養というものがありませんから、経済学の先生は歴史とか国文学とかについて問題を出すだけの実力がない。だからそういう領域の問題は出さないのです。それでも私の受験したころから少し変わってきまして、外国語を英独仏のうちからどれか一つ、それから日本史と論理学の試験がありました。しかも外国語は、私はドイツ語で受けたのですが、独文和訳だけなのです。和文独訳というものはないのです。これもまた先生方は自信がありませんから出さないのです。ですから、私のときには大内兵衛さんか誰かが問題を出されたということでしたけれども、楽なものでした。まあ昔はそのように鷹揚だったのです。それでもドイツ語の勉強だけはしないといけないというので、マックス・シェーラーの本を持って行っていたのです。「小林君はいま何を読んでいるのですか」と大塚先生が聞かれるものですから、「マックス・シェーラーを読んでいます」と答えました。大塚先生はその頃はヴェーバーを一所懸命やっておられたわけですから、シェーラーと言ったらヴェーバーと聞こえたらしいのです。「ヴェーバーはむずかしいでしょう。あれをあなたがお読みになるとは大変だ」と言って、大いにびっくりされました。非常な秀才だと思われたかもしれません。

そのとき、私は母親といっしょに行っておりまして、母親はすぐに東京に帰ったのですが、なにしろ私の母親は長野県の田舎の出身で、昔の人間で非常に迫力がありまして、しかも自分の価値観を絶対と思っている、こわい女性でした。ですから新婚の大塚夫妻などまどろこしくて見ていられないわけで、だいぶ奥さんにいろいろと指図がましいことを言ったらしいのです。そういう点から見ると、私からすれば大塚先生は先生、先輩という立場でしたが、大塚家にとってみると小林という家はなんとなくうるさいという感じがあったと思います。そのうえ私が結婚いたしますと、家内の父が三高で大塚先生の大先輩になるのです（ドイツ文学の関泰祐です）。義父は七、八年前に九七歳で亡くなりましたから、大塚先生の大先輩なのです。「小林君が大泉に越して来たので、私もご挨拶に行かないと」なんて大塚先生が言っているうちに、義父は死んでしまったのですがね。そういう関係なのです。『プロテスタンティズム』の邦訳について、大塚さんが義父に質問を寄せられたこともあります。大塚先生の息子さんはこのあいだ一時お名前が新聞に出ていましたように、お役人になりましたが、この息子さんは今度は私の高校の後輩です。そういういろいろな関係がありますから、大塚先生はどうも、何と言いましょうか、ある程度私を敬遠されるところがあります。だから内田義彦君などのことを書くとき、大塚先生は「内田さん、内田さん」と書くのだけれども、私のときには「小林博士は……」などと書くのです。これは具合の悪いところなんですけれども、私の方からは「大塚先生」と呼んでいるので、講義は聴きませんでしたけれども、やはり一番たくさん影響を受けたのは大塚さんですから、私は「大塚先生」と呼んでいるわけです。ともかく昔のことです。

それで、まだゼミナールにいる間は、大塚先生の直接指導を受けるということはなかったのです。当時、理論家としても著名なスウェーデンのエリ・フィリップ・ヘクシャー（Eli Filip Heckscher）という人が *Merkantilismen* という本を書きましたが、これはずいぶん大きな二冊本でして、一九三一年の春にスウェーデンで出たものです。これは英訳がその後に出まして、ごく最近にまた新版が出ております。しかし、この『重商主義』という本は出版の翌年にドイツ語版が出ました。英訳がまだ出ないころです。私はそのドイツ語版を読まされたので、一年かかってこの厚い二冊本を読んで、ゼミのレポートを一つ書いて、翌年はもう少し広い角度から重商主義についての論説を書きました。これは製本をしてとってあったのですが、この間ちょっとした引っ越しをしたときになくしてしまいました。むろん学問的価値があるものではありません。学生時代には、当時の学生としてはあたりまえのことながら、いろいろなものを読みましたけれど、ゼミで勉強したのはマーカンティリズムなんです。

それからもう一つ、大河内一男先生が専任講師でおられました。大河内先生が就任一年目だったか、二年目だったか、そこのところがはっきりしなくて、東大の事務局にでも聞けばわかるのですが、リストの『国民的体系』を「ドイツ語経済学」という講義で扱っておられました。それに出まして、リストはなかなかおもしろいと思いました。どういう意味でおもしろいかというと、やはりアダム・スミスを片方においてリストを読むと、なるほどリストの言うことも切羽詰まった場合にはもっともだという感じがしたのが一つです。もう一つはゼミで重商主義をやっておりましたから、重商主義とリストとの相似点がだいぶ気にかかったわけです。いま思えば、これは両者とも原蓄の政策と理論とですから当然似てくるわけですけれども、当時はそこまで考えないで、似ていること自身にある種の関心をもちました。

そのほかではむろんマルクスとかスミスとかリカードウとかを読んだのですが、ヴェーバーは、『職業としての学問』のようなものは別として、彼自身の学問的労作を読むということはしなかったように思います。しかし一九三九（昭和一四）年、私が大学を卒業したころに、大塚先生の「資本主義起源論に関する二つの立場――ヴェーバーとブレンターノ――」というのが出ておりますから、これは当然読んでおります。それから、学生時代の一番最後のとき（一九三八年）に大塚先生からは『欧州経済史序説』が出ておりますから、これもむろんよく読んだわけです。しかし当時の大塚先生からはマルクスについての見方をとくに教えていただいたような感じがしております。私が大事に考えている、先生の論文に「いわゆる前期的資本なる範疇に就いて」というものがあって、これは一九三五年、私の学生時代に書かれています。それから「イギリス初期資本主義の支柱たる毛織物工業の展開」というのが一九三六年に出ておりますから、私が学生時代にはすでにこういう論文は存在していたし、私も非常に興味をもって読みました。何よりも「いわゆる前期的資本の範疇について」という論文が、理論的にも、また歴史をやる場合にも、私に強く影響を与えたのではないかと思っています。

私が『資本論』を読むときに頼りにしたのは高畠訳です。訳としては完璧なものではありませんけれども、あれを頼りにしました。ですから当時の日本資本主義論争には関心をもっておりまして、まあどちらかというと山田盛太郎先生のものを強い興味をもって読みました。山田先生といわゆる労農派との対立というようなものをいろいろ議論し始めると限りがないですし、労農派的な立場のものとしては最近飯沼二郎さんの仕事なんかもありますが、これもユニークなものですから簡単にこの論争について評価することはできないのです。ただ日本は軍事的重工業を無理してつくっているけれども、それには限界がある。それで戦争のときに火器が足りない。したがって夜襲の繰り返しをするのだ、というようなことが『日本資本主義分析』の注のなかにあるのですけれども、私は兵隊に行かなければならないと思っていましたから、そういうところが妙に身に染みたことを覚えております。しかしまあ究極的な点を言えば、いま土地制度史学会というのがありますが、土地制度史の視角、山田先生が『分析』の序文に書かれているような、イギリス、ドイツ、フランス、ロシア等の土地制度の違い、それが各国の資本主義の相違をどう規定しているのかという、この問題意識が、当時の日本は農村が非常に貧しくて、だいたい日本の右翼というのは貧しい農村を基盤にして出てきたようなものですから、そういう点が関心の的となっていたことは事実で、明治維新で市民革命が成立するのだというようなことを言われても、貧しい小作農は当時まだ小作料は現物納でしたから、これをどう理解すればよいのだということは頭から離れませんでした。私の亡父は秋田の貧農の出だったのです。

そういったもやもやの状態で学問することになったのですけれども、何をやりたいかということがまだはっきりしないわけです。地方の高等専門学校の教師になって行きまして、学界とはどういうところかということもわからないし、学問をする人間の生活はどうすればいいのかということも全然わからないし、一人でいろいろと考えているわけです。それでも学問的野心があったかというと、それはどうも野心のもちようがなかったのです。つまり兵隊に取られる身ですから、とにかく明日をも知れないのです。息の長い学問をやって、どういう結果を出そうなどということは考える余地がなかったのです。しかし不思議なもので、ことに若い時代、青春というものはそういうものなのかもしれませんが、兵隊に行くことばかりをいつもいつも心配していたかというと、それはそうではないのでして、やはり日常生活というものがある。日常生活は日常生活で流れていまして、そこに戦争というものが覆いかぶさってきているのですが、いちおう日常生活のペースなりリズムなりのなかでは学問をしていたわけです。

それで、何か論文を書かなければならないということで、さきに申し上げた「重商主義の解釈に就いて」という論文を書いたのです。これを福島大学の雑誌に出しました。付け加えておきますけれども、私は自分の職場とする研究機関の雑誌に主な論文は全部発表しております。福島大学の『商学論集』、立教大学の『経済学研究』、それから大東文化大学にまいりまして、大東文化大学の雑誌にはいまでも論文を載せてもらっています。私が辞めるときに、大東文化大学に定年までいた先生は大東文化大学の雑誌に論文を載せて、しかも原稿料をもらうことができるという規定を作りまして、それがいまでも生きているのです（笑）。私はそういう仕方で学問をやってまいりました。何か有名な雑誌に大論説を発表するということはかつてなかったので、したがって研究機関の雑誌をどう経営するかということについては非常に努力してきたつもりです。ですからいまの『立教経済学研究』にも言い分はいろいろある。けれどもそれはまあ別としまして、私が在職中に、原論の先生が責任をもつと言ったからと、スミスに関する論文をある若い方が編集部にもち込んで雑誌に発表したことがありました。私はそれを教授会で問題にしまして、「なぜ私に見せないのか。私が見たらこれは出さなかったかもしれない」ということを言ったのですが、皆さんおとなしいものですから、「それは学問の自由だ」というようなことで済んでしまいました。学問の自由と学問の水準とは別の質の問題でして、同一に論じることはできないと私は思っています。学問の質と言いましても、これはなかなか判断が難しいのですが、ともかく論文として発表するからには少なくともアップ・トゥ・デイト(up-to-date)なものでなければ意味がない。もう済んだ問題をなぞって書いても意味がないというのが私の考えです。

そこでその「重商主義の解釈に就いて」というつまらない論文の話になるのですけれども、これが一九四二(昭和一七)年の一月に雑誌に出ておりますから、書いたのは一九四一年です。いまは一九九四年ですから、五二~五三年前の話です。私は来月に名古屋大学出版会からジェームズ・ステュアートについての論文を六つ集めた『最初の経済学体系』という小さい本を出しますので、つまり執筆生活五三年というわけです。ただし、「重商主義の解釈に就いて」という論説を書く前に、私は高校の終わり頃から同人雑誌なんかをやって、これも非常に恥ずかしいものですけれども、文章をいろいろと書いていましたから、書く生活というものにはかなり馴染んでおりました。書く生活はまず六〇年やっているんだと思います。もうたくさんですけどね……。今度の本の序文に「すべては次の世代にゆだねる」と書いておきましたから、よろしくお願いいたします。

この「重商主義の解釈に就いて」という論文はつまらない論文だと思っていたし、いまでも思っていますが、しかしいま久しぶりにこれを見てみるとなかなかユニークなところがあることを発見したのです。どこがユニークかと申しますと、一つには、ハイエクとかケインズとかシュンペーターとかを使っているのです。これは、重商主義の批判としてのヒュームの貨幣数量説をそれが批判になっているかどうか見直すということがこの論説の主題にありましたから、その意味でハイエクとかケインズとかが出てくるのですけれども、ケインズの *General Theory* が一九三六年の出版であることは皆さんご承知のとおりですが、塩野谷(九十九)さんがそれを最初に翻訳されたのは一九四一年です。私の「重商主義の解釈に就いて」は発表したのは四二年だけれども書いたのは四一年ですから、ケインズが出てきてこれに早くから関心をもったというのは事実なんです。本位田ゼミの雰囲気にはそういうものはなかったですけれども、ともかくもこういう方面のことも勉強しようという、そういう関心は私にはあったと言うことができると思います。そのなかで、「近代の理論経済学がとくに貨幣的景気理論の側において、スミス以前の経済学説を新たな親近感をもって顧みる」という点にかんがみると、この古い貨幣数量説にまつわる新しい見方が必要だと言っております。当時、まあケインジアンの立場から古い数量説を分析した本といたしまして、ドイツのヴィルヘルミーネ・ドライシィッヒ（Wilhelmine Dreissig）という女性の『ドイツ重商主義における貨幣信用理論』という本がすでに一九三九年に出ておりまして、ケインズの影響を受けた学史研究としては一番早く、イギリスでよりも早く、この本が出たのです。イギリスでケインズの影響を受けた重商主義研究というのはもっと遅くなって出てくるのであって、とくにステュアート研究なんかはケインズが死んでから盛んになるのですけれども、ドイツでいち早くこの本が出ました。これは薄い本で、どうも学位論文ではないかと思います。この本は一時なくして悲観していたのですが、最近また見つけまして、いまはもっています。この女性はどういう人かと思って、私がドイツに行ったときにいろいろと調べてもらったのですが、やはり日本の学界とドイツの学界との違いの一つに、戦争の規模はドイツの方が大きかったものですから、行方知れずになった人がたくさんいるのです。だから調べてもらってもわかりませんでした。テュービンゲンの図書館でリストに関する学位論文などを読んでみると、おもしろいものがいくつかあるのです。そういう筆者にあって話をしてみたいと思っていたのですが、まずは連絡がつかなかったのを覚えています。妙な話をいたしますが、住谷さんはよくご存じのことだと思うけれど、私は東京オリンピックの年に立教から留学させてもらってテュービンゲンに住んでいまして、ドイツでバーゲンのようなときに、靴の片方だけを売っているのに気がついたのです。男物の靴の右だけとか、左だけとかを売っているのです。どうしてこんなことをするのだろうと思っていましたら、要するに片足の人のためなんです。足を戦争で切断したという人が当時多かったのです。それで、片一方の靴というのがかなり店頭に出ていました。そういう戦争の跡がまだ残っている時代に私はドイツに行ったので、このごろとはずいぶん違うと思います。まあとにかく、このヴィルヘルミーネ・ドライシィッヒという人の本も私は使いました。それが一つです。つまり小林の経済学史が悪評高くなるのはケインズを使ったからであって、これがそのはじめなのです。それからもう一つは、にもかかわらず重商主義というものの概念規定をするときに、これを商業主義とみるか工業主義とみるかというところで、これは本質が工業主義だというのでリスト＝大塚の線――高橋誠一郎先生の線ではなくて――を出してきているということです。そんなにうまいこと両方がいっぺんに使えるかというと非常に問題ですけれども、要するに使っていることは事実なので、なかなかユニークではあるのです。もう一つ、逆の意味でユニークな点があるのですが、それはこの論説では重商主義の古典そのものには直面していないのです。いろいろな重商主義論を読みまして、そうしたものの上に立って議論をしているので、古典ないし古版本そのものにはまだとりついておりません。すぐにとりつくようになるのですが、まだ論文の書き方や研究の醍醐味のようなものをよく知らない時代で、論文から論文を作るというところがあったと思います。

そこでもう一つとくに申し上げておきたいのは、私が経済学史に関する論文を書いた最初に――これが論文と言えるかどうかは別にしまして――、いまお話ししましたように新しい理論なども使って重商主義を理解してみたいと思ったということは、その目的が理論史ではないのだけれどもかなり理論史に近いという点です。これが良い悪いという点は全然別にして、住谷一彦さんの経済思想史とはおのずから違うところです。いつかヴェーバーには経済理論がないと書いたら、住谷さんに嚙みつかれて、「そんなはずはない。だいたいヴェーバーは大学で経済学を教えていたのだ」と叱られました。しかし、ヴェーバーに広い意味で経済学があることは否定し難いことですが、ヴェーバーは貨幣量がどうなったら利子率はどうなるというような問題を関心の重点とはしなかったので、私はそういう意味で経済理論がないと言ったわけです。そういう経済理論のエッセンスのようなところについてヴェーバーが本質的にどう考えていたかということは、問題が残るところではないでしょうか。

まあ経済学の理論に関する点では、私はヴェーバーよりもシュンペーターに近いということになるのだと思います。私の学問全体が影響を受けたという点では、ヴェーバーが非常に大きいのだけれども、学史の方法のような面では存外シュンペーターにも近いところがあるのではないかという気がしております。それはシュンペーターの学史を私がそのまま評価しているというのではなくて、シュンペーターの学史を含む体系のなかで理論史をどう扱ったらいいのかという問題が、シュンペーターが考えたのとは別のような形で出てくるのではないかという気がしているわけです。これはシュンペーターがウィーンと非常に深い関係があるということと、ヴェーバーがドイツ人であるというところとの本質的な違いではないかと思っています。

もう一つ、私は福島で梶山力さんといっしょになりました。私といっしょに福島に行きましたのは理論経済学の熊谷尚夫、日本経済史の藤田五郎、それから藤田同様に亡くなりましたけれども、のちに中国史をやった一橋大学の増渕龍夫——上原専禄さんのお弟子で、没後に立派な論文集が出ています――、こういう人たちといっしょに勉強しておりました。梶山さんは大先輩で、当時すでに *Die protestantische Ethik und der »Geist« des Kapitalismus* の翻訳を出されておりまして、これは私が大学を卒業する昭和一四年に出たのですけれども、大学を卒業するときは就職やそのほかでゴタゴタしておりまして、この本は買いませんでした。翌年に再版が出たのを買ってさっそく読みまして、非常に強い印象を得ています。梶山訳というのは、確かに安藤英治君が言うように、ふっくらとした良い訳で、普通の訳とは違いますね。非常に典雅なところのある立派な訳で読みやすいものです。その梶山さんと福島でいっしょになったのですが、当時梶山さんはすでにゾンバルトの『高度資本主義』の訳の「一」を出しておられて、その翻訳の仕事の続きをしておられたんですけれども、なにしろご病身で、胸が悪くて、もう相当に進んでいたのです。それで休みが多かったのです。当時福島では、のちに東大に移られて先年湘南で亡くなられた中村常次郎さんというやはり本位田ゼミの先輩――大塚さんと同じくらいのお齢です――がおられて、二〜三年後輩の梶山さんを非常に大事にされて、「休め、休め」と言って休ませておいたので、梶山さんとそれほど深く話をすることができなかったのはとても残念でした。

残念だということを言えば、あの当時、カール・レヴィット（Karl Löwith）が福島高商にドイツ語の教師として仙台から来ていました。そうでないと思っていらっしゃる方もいるかもしれないけれど、私は相当はにかむほうですから、どうも私のドイツ語でレヴィットと流暢に話すこともできないので、敬遠していることのほうが多かったのです。いま考えると非常に残念です。やはり話をするというのには相当心臓が必要でして、安藤君なんか向こうの学者と大議論をしてきたようなことを言うから、「ドイツ語はどのくらい話せるの」と聞いたら、「いや、後であれだけの少ないボキャブラリーでよくもあれだけのことが言える」と向こうの人が感心していたとか言っていましたが（笑）、まあそういう心臓も必要なのかもしれません。

順序からいくと、大塚さん、それから梶山さんの影響ですね。ですから、ずっとヴェーバーへの関心はあった。そうして、根がマルクス主義者になりきれないものですから――それにはいろいろな理由があるのですが――、戦争から帰って来てからも、友人の藤田五郎が処女作を出したので書評を書いたそのなかで、マルクスを日本史に段階論的に適用しようとするとどうしても無理ができるので、この部分などを論じる場合にはヴェーバーを少し顧みてくれるといいというようなことを言いましたが、ヴェーバーへの関心もずっとつながっているわけです。あとで松井秀親君の訳の『ロッシャーとクニース』を少しお手伝いしたのもそんないきさつからです。

それからすぐにリストについて書きまして、「フリードリッヒ・リスト序説――生産力の国民的体系――」（一九四三）を書きました。国民生産力の問題というのは、当時すでに高島さんや大河内先生が言っておられたことです。私は学生時代にリストに関心をもちましたので、リストもちょっと試してみようと思ったのでした。大河内・高島両先生の研究は今日にも影響力をもっている立派なお仕事ですけれども、あれはスミス研究としてそうなんですね。

両先生のお仕事は、スミスの学問体系というものの全体を見ることから試みよう、そしてことに『国富論』が近代的生産力をどういうエートスの上に築いているか、そのことを追求しようという立場で書かれたものです。なぜそういう問題意識が出てくるかというと、当時日本は戦争を始めたけれどもだんだんに形勢が悪くなりましてアメリカにやられる。なぜアメリカにやられるかというと、物量がかなわない。敵は物量作戦でくるので、こちらは玉砕してもだめだという、新聞の表現もそういうふうなものが多い。それなら、物量でくるなら物量で対抗しなければならず、物量で対抗するためには生産力の主体が近代化されなければならない。こうして生産力が一段と発達するためにはいまのような体制でいいかどうかということが言外に含まれてくるわけです。そういう関心から研究なさったからスミスが本題なのです。リストがなぜくっついているかというと、国民生産力だからくっついてはいるのですが、さらに考えてみると、リストを当時は右の方の人がよく使いましたから、リストをくっつけておけばスミスを通じて言っていることに対する圧迫が緩和されるというねらいもあったのだと思います。ただし大河内先生は、高島先生と違って、リストそのものにも関心をもち続けておられて、その後、リストについて私との間にいろいろ交渉もありました。

いまお話したようなことでリストが使われていましたから、リストについては『国民的体系』だけが問題となっていました。ところがリストの著作集を仙台の東北大学から借りてきて少しずつ読みますと、著作集の第七巻に晩年のリストのいろいろな思想が描かれています。リストの晩年になりますと、『国民的体系』も一八四一年ですから晩年と言ってもいいんですけれども、ことにその後になりますと、イギリスの世界政策に変化が生じて、立教大学で服部正治君がやっているような、帝国の経済的再編成という動きがイギリスで前面に出てきます。これをリストはメトロポール・コロニアル・シュッツジステーム（Metropol-Kolonial-Schutzsystem）というふうに言っていますけれども、イギリスはその植民地をいっしょにして、一つの新帝国をつくろうとしている。当時日本で流行った言葉で言うと、広域経済圏をつくろうとしている。そうなると、ドイツとイギリスとの間の自由貿易というものは非常に苦しくなる。ドイツとイギリスとの間の自由貿易が、なぜリストの保護主義のなかで力をもっていたかというと、それはドイツの穀物のイギリスへの輸出ということがドイツにとっては必要だったからです。もしドイツの穀物をイギリスが輸入してくれなくなると、ドイツの国民経済は非常に困るんだという考え方がドイツの人々にありました。これは主としてプロイセンの穀物ですけれども……。ところがリストに言わせると、カナダの穀物は非常に安い。アメリカの穀物も非常に安いけれども、イギリスは入れない方針にしている。しかし、アメリカの穀物はカナダ経由でやはりイギリスに入ってくる。カナダとアメリカの穀物がイギリスにどんどん入ってくるようになると、またイギリスがそれを意識してやりだすようになると、ドイツの穀物なんて輸出競争力が弱くて問題にならない。そうすると、ドイツでの工業保護主義を邪魔しているドイツの農業自由主義というもの自体が崩壊するのだ。だからそれを見据えておいて、ドイツはいまからしっかりした保護制度を樹立しなければならないというのが、新しい世界史的局面に対するリストの判断であったわけで、そのことがリスト晩年の諸著作に非常によく現われている。それだけでなく、イギリスのメトロポール・コロニアル・シュッツジステームに対抗するためには、ドイツは単なる国民経済の建設ではだめなのであって、バルカンに進出してドイツの新しい経済圏をつくらなければならない。そういう主張にリストはなってまいります。そういう点が非常によく晩年の著作からうかがわれるのです。

そこで、その点について考察して、「生産力の国民的体系」という論文を書きました。これは今日から見ると非常に不満な論文なので、未熟だということを書いて私の著作集には収めませんでした。なぜ未熟で不満かというと、そういういま言ったような私の説明を十分に納得してもらうためには、リストが『国民的体系』の翌年、一八四二年に書いた『農地制度論』を分析しなければならないからです。ところが『農地制度論』がまだ私に読まれていないんです。リストの全集というのは一〇巻一二冊ありますから、目を通すのになかなか時間がかかって、第五巻の『農地制度論』に私がまだ遭遇していないのです。それでリストについてのイメージもきわめて不十分でありました。ただ、この「フリードリッヒ・リスト序説——生産力の国民的体系——」という論文を書いたすぐあと、私はもう一つリストについて書いております。それは「フリードリッヒ・リストの生産力論」というもので、「フリードリッヒ・リスト序説」は昭和一八年、一九四三年の八月に発表したものですが、「フリードリッヒ・リストの生産力論」は一九四三年の七月三日という日付が最後の行に入っているので、「序説」を書いたすぐ後に、簡単なものとして『国際経済学研究』に同じようなものを発表した、というふうに、記憶を思い出せばそういうことになります。この二番目に発表した「リストの生産力論」のなかに、『農地制度論』のことがちょっと出てきます。だから一カ月か二カ月の間に、私が『農地制度論』に接したということがそれでわかるのです。「おなじリストが一八四二年に書いた *Die Ackerverfassung, die Zwergwirtschaft und die Auswanderung* を一読すれば、単なる自由放任ではなくいかに細心な政策的叡知が、農工業の調和と植民地との問題に関してドイツに必要であったかが理解できるだろう」とありますから、結局、一九四三年に私は『農地制度論』にちょっと手をかけたと言うことができると思います。しかし私の最初の本の『フリードリッヒ・リスト序説』のなかでは『農地制度論』はでてきません。したがって私はこの本の序文に、重商主義についての論文とリストについての論文とがそれぞれ独立に別個になっているけれども、統一的立場はここでは示されていない、「そのうえ研究者としては、この二つの論文を統一する高次の立場が確立せられていないことをも反省しなくてはならない」と書いています。二つ論文を出したのだけれども、どう二つの論文がつながるのかということとは読む人にもわからない。本人にもよくわかっていない。そうして、「今日のようなときに、万一にも故国が研究を継続せよと私に命じるならば、同じ課題に対して新しい努力が傾注されるだろう」。

こういうようなことをいっております。万一を期待したのですが、期待の甲斐もなく戦争に引っ張られるということになったわけです。

しかしその戦争に引っ張られる直前に、私は『農地制度論』に遭遇し、深く入り込みまして、なかなか難しい長論説を一所懸命に読みました。そして、これが非常におもしろくて、これを中心に考えるとリストの全体系がわかる、その前進的な面も反動的な面も非常によくわかる。こういうことが自然に明らかになりました。当時、リストの著作集というのは、いまお話をしましたように、第七巻のいわば広域経済論みたいなものを私が読み、第一巻——二冊に分かれているのですが——を板垣與一さんと松田智雄さんがそのそれぞれ別の部分を読みまして、第三巻を大阪経済大学の、当時の大阪商科大学の富永祐治さんが読みました。ところが私に言わせると、一番大事なのは第五巻にある『農地制度論』で、これは『国民的体系』の続巻ということをリストが非常にはっきり言っている点からもそうであって、これこそリストの全体系を解く鍵だということが、非常にぴったりと自分に納得されたわけです。私はこれを読みましてノートをつくりました。ノートをつくるについては、その後手伝ってくれたことは一度もないのですが、新婚当時だったものですから家内にも少し手伝わせました(笑)。それから秋田の商業高等学校の校長さんにのちになられた木村賢一君という方が福島高商の生徒でおられて、昔の高商の生徒にはドイツ語がよくできる人もいましたので、この人にも手伝っていただきました。

そして最後に一つ論文を書いたのです。それが「リストの植民論」というもので、これが一九四四年五月の『国際経済学研究』に発表されました。一九四四年です。私が論文を書き始めたのが一九四二年で、四四年にはこの論文で『農地制度論』に到達しております。私の著作集の六巻にこの論文をいれましたが、「あとがき」にこういうふうに書いてあります。「これらの研究はまだ第二の論文で――というのは、まえに申しましたところでは第三の論文で――リストの『農地制度論』にようやく手をかけただけの段階に止まっていた。しかし私はそのあとただちに『農地制度論』自体の分析をすすめ、きわめて新鮮かつ感動的な印象と視野の拡大の実感とをもってリストの全思想＝理論体系の骨組みが見通せるようになったという確信をもつにいたった。そこでこの「リストの植民論」(『国際経済学研究』一九四四年)をまとめたが、その発表後二カ月して召集を受け、やがて同じ年の秋に南方に運ばれたのである。この論説は帰還後の自著『リストの生産力論』に直接つながるものであるが、ここでは大塚久雄教授の開拓されつつあった比較土地制度史的方法にもとづく近代化論――独立農民の両極分解という視座による国民経済→資本主義の歪みの測定――が『農地制度論』に出会うことによって私の研究に生かされるにいたっている。私はこのリストと大塚教授(マルクスとヴェーバーとがそこにふくまれる)との、自分というかすかな一研究者を通じての出会いを重要なことと考え、先の未熟な二論文がこのような形でこの第三の論文によって、いわゆる出征の前にある成熟度にまで達しえたことに、わずかな満足を感じている」。

こう書いているのですが、ただ、いま読み直してみますと『農地制度論』には到達したんですけれども、まだリスト全集の一巻をよく読んでいないので、『農地制度論』の芽が一巻にある、『国民的体系』を差し挟んで、初期のリストと『国民的体系』以後のリストとが直接つながっている、そういう認識にはまだ到達しておりません。つまり、ここに『国民的体系』があって、初期のリストと晩年のリストとがこうつながっているのです。それでこういうものが(図の実線)リストの体系です。リストは『農地制度論』のなかで、若い頃から農地制度に関心をもっていたと言っております。初期にそ

図

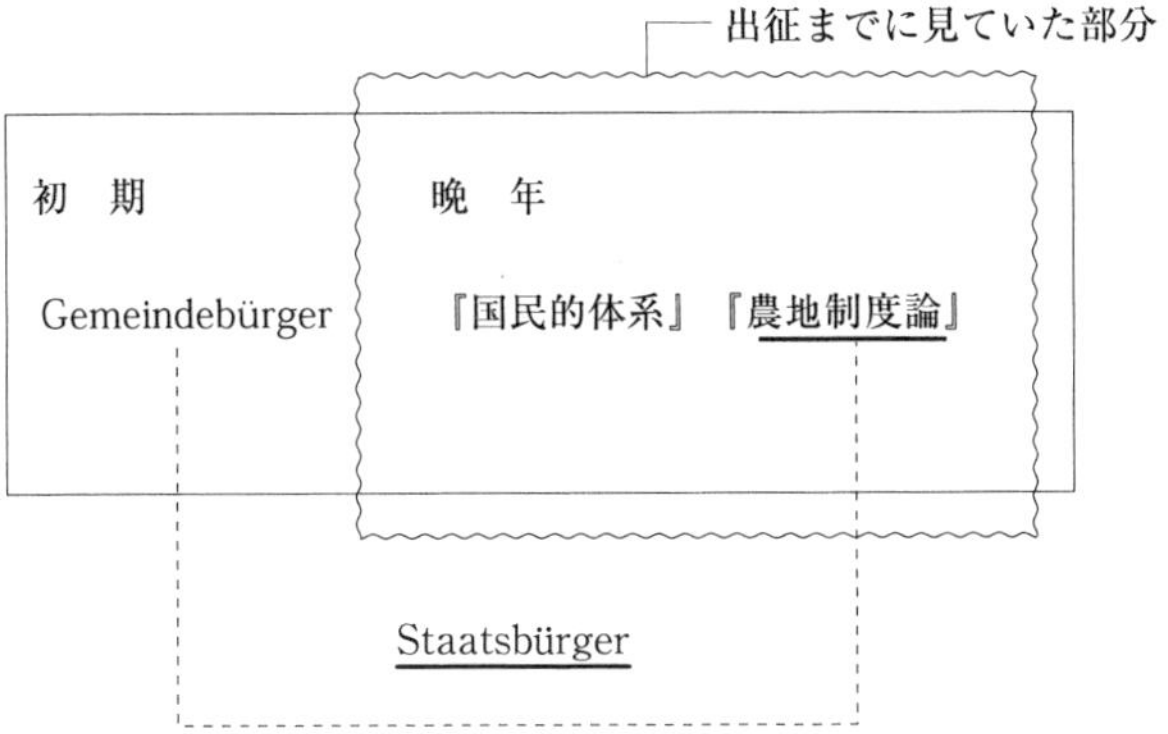

ういうものがあって、独立の農民が農地をもってこの線のなかに入ってくる。それが Gemeindebürger であって同時に Staatsbürger である（図の点線）。この Staatsbürger をいかにつくるかが主題でありますから、初期のリストと晩年のリストとは明瞭につながるのです。そういうことが大事なのですが、私ははじめここのところ（図の波線）だけを見ていたのです。ここのところは、戦争から帰りまして一年半ほど集中的に勉強している間に、だんだんリストというものがよりよくわかってきたということなのです。

私が戦争から帰ってまいりましたとき、福島高商には――当時は経済専門学校と名前を変えていたのですが――私の講座はなくなっていたのです。「小林さんの講座はない」と庶務課長に言われまして、「でも僕に権利はあるんじゃないですか」と言いますと、「権利はあるんだけれども、あなたは体も弱いし、とうてい戻って来ないだろうと思ったからほかの人がやっている」と言うことなんです（笑）。そうして、「そこのところはなんとかしますから、まあしばらく待っていて下さい」ということだったんです。そのうえ、マッカーサーが、教職に就いていた者で兵隊として外地にいて日本に帰還した者は、帰還後半年は教えてはならないとしたのです。頭を冷やせというわけです。そういうふうなことを言われましたので、私は福島高商から月給をもらってはいたのですが、講義は何もしなくてよかった。研究室だけ使わせてもらっていました。おんぼろな研究室でしたが、毎日行きました。一年半ぐらい、あれほど勉強したことはないのです。なにしろ戦争に行ったが、私はベトナムに足掛け三年おりましたから、そこでは食うものはあった。それで非常にいい身体になって戻ってまいりました。みんながびっくりするほどの身体になって戻って来たものですからスタミナがありましたし、敗戦直後の世の中には遊ぶ材料、おもしろいことは何一つないのです。花が咲いたら見に行くくらいです。そこで自然に勉強に集中することになります。福島高商のデスクは非常に幅が広くて、朝早く出掛けて勉強して、昼になると粗末きわまる昼飯を食べて、そしてそのデスクの上に毛布を敷いて横になって寝るわけです。一時間ぐらい寝て、また起きて夕方まで勉強して、かえってからまた夜寝るまで勉強するということをずっとやりました。だいたい私は雑務を必ずしも忌避しないほうで、それも人生の責任だと思っていますから、やらなければならないことは最小限やってきているつもりですけれども、あの頃は非常によく勉強できました。まあ、偶然のいたすところなのですが……。勉強して整理して、書き下ろすのはひと月だけで、『リストの生産力論』なるものを東洋経済新報社から出してもらいました。いま東洋経済では絶版になっていて『出版目録』にも載っていませんけれども、この本を出したときは、友人の熊谷尚夫を通じて安井琢磨さんに口を利いてもらいました。ちょっと変わった筋でおかしいようですけれども。松田さんがすぐにこれを取り上げて下さいました。この本で広い研究史上初めてリストの全体像というものが出て来たわけです。むしろ残念なことなのですが、私の彫り上げたこの全体像に対する正面からの批判は、こんにちになってもまだ現れていません。

それからまたイギリス重商主義に戻りまして、しかしリストからは足が抜けないから、「リストと重商主義」という論説を書いたのです。そのなかで、イギリス重商主義の代表的な作品としてチャールズ・キング（Charles King）の *The British Merchant* を使いました。ところがこの論説を書いたときに、長い論文だったものだから、そのころ本郷に学生社――いまある学生社とは別な会社です――という出版社があって、小さな単行本として出すというので、出してもらうことにして校正までやりました。それをやっているうちに気がついたことは、*The British Merchant* を孫引きしているということで、現物にあたっていないのです。これではいけないと思って、再校のところでおさえて出すのをやめてもらったのです。この再校はいまでもとってあります。それから一橋大学に行きまして、一橋の学生寮に寝起きをして、*The British Merchant* を読みまして、書き直しました。それが「リストと重商主義」という論説なんです。

そこでリストから重商主義へまた戻って来たわけなんですが、この重商主義というものをどう開拓したかという点はわれながらかなりユニークです。一七世紀のイギリス重商主義というものについては、たぶんお名前をご存じだと思いますが、台湾の張漢裕さんが論文をいくつか書かれています。これは大塚先生の影響が非常に強いものです。まさに前期的資本の問題がそこに出てくるわけです。この張さんの重商主義論というのは、戦争中に書かれたものであって、東大の『経済学論集』に載せられましたから、むろん私は読んでいて感銘を受けているのですが、これが戦後になって岩波から『イギリス重商主義研究』という題でまとめて出版されています。私の方は主として一八世紀の重商主義的諸文献がいかにスミスまでつながるかということに関心をもち、張さんの終わったところから始めて、古版本をいろいろと読んで個別研究を積み重ねたわけです。その個別研究を積み重ねるプロセスで、前期資本と初期資本の区別の問題が一方にある、一方には貨幣的経済理論のケインズ的な視角というものがある。これが出たり入ったりしながらつきまとっているのですが、私は一九六六年になりまして、もう立教に来て久しいころですが、「ステュアート・スミス・リスト」という論説を書いた。これは大河内一男先生の還暦記念論文集の第三巻の『古典経済学の伝統』というのに載っていますけれども、ここにいたって初めて、つまりステュアートを取り入れるようになって初めて、スミスとリストのあいだの問題というものに或る解決の方法がついたと思っています。というのは、前期的資本と初期資本の問題では、イギリス重商主義をたどってスミスまでいたるあいだに、前期的資本の方面のいろいろな議論が排除されていって、初期資本の系統のものが研究上にも強く全面に出てくる。そういう傾向があります。それがスミスにつながっていく。その線の一番スミスに近いところで私のタッカー研究というのがあるのですけれども、これも昔の話で、私は三八歳のころに立教にやってきまして、その時に私のタッカー研究が出版されているのですが、そういう線からスミスにいった。ですから、スミスは自分が踏まえている過去を忘れてしまったけれども、しかし過去がスミスを養っている、支えているのだという意味での重商主義研究を、一方で私はずっと続けていたのです。他方で、最初の論説だった「重商主義の解釈に就いて」の貨幣的分析の見方というのは、途中で顔を出すけれども強くは出さない。それがステュアートにたどり着くことによって、ようやくはっきりとその学史的意義がつかまれるようになってきた。そうすると重商主義という太い流れはスミスを支えるばかりでなくて、一方、スミスと重商主義との対立がはらんでいるものもずっと流れているんだ、原蓄の問題というのはそういう複雑な問題をはらんでいるのに、スミスはそれを無視しているという、そういうものの見方に、ステュアートにとりつくことによってようやく到達したので、ステュアート研究はよほど前から発表しておりましたけれども、この「ステュアート・スミス・リスト」という論説でそれを大まかにスケッチしてみたのです。この論説は英文になっておりますので、イギリスやドイツでかなり読まれております。あまり細かい研究というものは、日本人は高く評価しますけれども、やはりヨーロッパでは筋のおもしろいもの、着想のユニークなものを大切にするようで、私の「ステュアート・スミス・リスト」というのはそういうものとして読まれているようです。

まあ、そういう経過をたどって、リスト研究とステュアート研究、スミス研究がどうやらつながるようになってきたのですが、私がいままでいろんな書評などをしてもらったもののなかで、マルクス経済学の領域では中野正さんの私の著作集に対する紹介が一番的をついているように思うので、それを読ませていただきたいと思います。中野さんは私のリスト研究はいちおうネグって、私の重商主義の研究だけについて述べておられるのですけれども、少し長いのですが、聞いてみて下さい。これははじめ『週刊読書人』というのに一九七六年に載ったのですが、『小林昇経済学史著作集』の刊行に寄せて」という題で、中野さんの著作集の第四巻に入っております。「理論をやっている経済学者は、各自の問題を組み立てる範疇や概念の、またはそれらの組み立て方の、成り立ちについて、関心はあるが、まだ書かないでいる、あるいは書けないでいる経済学説史をもっているといえる。しかし日本で学説史家が非常に多く、学説史研究が盛んなことは世界の学界の驚異で、この一種の偏りは、戦前の抑圧された『資本論』研究の迂回形態であったことも世界によく消息されている。この盛んな学説史研究が『資本論』の第四部に予定されていたマルクスの『剰余価値学説史』に拠ったのは当然の成り行きであった。それらの研究は、『学説史』の対象の空隙を埋めたり、とくに古典派への研究を拡げたりするいわば『学説史』延長型のものが多く、一方では信用、地代、恐慌、社会主義経済理論といった問題の系譜を追う、いわば『剰余価値学説史』にパラレルな研究が行われてきた。ところで『剰余価値学説史』の対象の空隙の一つは、古典派経済学とくにアダム・スミスの前史といえる重商主義学説であった。『学説史』はホッブス、ペティ、ノース、ロック、ヒューム、マッシー、ステュアートなど重商主義期の論者に触れてはいるが、労働価値説、剰余価値説の未分化な破片を拾う「補録」の扱いを出ていない。それだけでは目ぼしい重商主義者さえも尽くすものではないし、また古典派→マルクス価値理論に対するネガティブな点が取り出されるだけで、スミスとの断絶が明らかにされるにしても、経済学の形成としての『国富論』体系の成立ちの面をポジティブに照らし出すものではなかった。一五世紀半ばからスミスの時代に至る約三〇〇年をおおう重商主義期の、経済主体の発達や転換につれて、ときに対立し、矛盾しあういわば無数の政策的主張の中に散らばっている、理論的断片を系統立て、それと政策の展開との関連を明らかにし、これら前史的理論の〈対立と浸透〉、それから『国富論』体系へいたる継承と断絶と超克の関連をいかにしてポジティブに設定しうるだろうか？　これは『剰余価値学説史』の延長型の処理ではどうにもならない。ここに『資本論』の成果を採り、学説史の方法をいわば動学化しながら、この課題に応えたのが小林教授の業績であった。この動学化の方法となったのが、発達し展開する経済地盤から各論者によって代弁されるもろもろの政策と理論との関連を解明し、諸政策や諸理論を体系的に総括するパースペクティヴを可能にした経済史の視点であった……。これは教授の受け継がれた大塚史学のひとつの展開であったかもしれない。昭和初年から敗戦に至る両大戦間に『資本論』や『剰余価値学説史』に没頭したことのある同世代者が、かつて夢見て果たすことのなかった、いわば我らが青春の学のモニュメントである」。こういうふうに中野氏は言っておられまして、私の学問の一面をよく理解してくれていると思います。これは率直に言えば、内田義彦君などの小林評よりは、私にとっては理解のある表現だと感じているところです。私はこういう、重商主義のいわば全体像を動的に描き出すために、相当「理論的に」苦労しました。胃を切るようになったのもそのせいだと思っています。

今日はごく初期のお話をしたいと思いましたので、戦争から帰って来てからのお話はまったくひと口に端折りましたし、私のスミス研究についてはすこしも触れませんでした。けれども、松田さんのお話と関連づけて理解していただくために、昔に重点を置いてお話しした次第です。以上です。

『国富論』の学史的位置の相対化
——諸文献の発掘とともに——

I

私は大学（東大経・一九三六—三九）では、学問的自覚の未熟のまま本位田祥男教授の西洋経済史ゼミナールにはいり、E・ヘックシャーの大著『重商主義』のドイツ語訳[1]を、リポートの対象として読んだ。この本はその後重商主義研究の代表作とされてきたが、その経済史・経済学史の両面での綜合的・網羅的叙述にもかかわらず、体系的には彫塑性に欠け、経済理論家・経済史家としての著者の令名を一段と高めるにたる業績とはいえないように思われる。彼はケインズとも接触があったが、やがて後者の『一般理論』における重商主義論に対しては批判を書かねばならなくなった。巨編『重商主義』は、結局は「頑固で正統的な自由主義[2]」の労作にとどまった。

したがって、私はヘックシャーの上下二冊からは深い学問的刺激を受けなかった。むしろ高橋誠一郎による、重商主義諸原典の解説から、遠い先人たちの言説の香気に牽かれていただけであった。ずっとのちになって、私はこの大先輩への追悼のために、ふつう最後の重商主義者とされているJ・ステュアートを対象として一編のエッセイを書く機会に恵まれたが、ステュアートといえば、どういう理由でかヘックシャーが彼の大作でいっさいの言及をせず、それがおそらくは、『一般理論』での重商主義論におけるステュアートへの惜しむべき無知となったのである。

私の在学中の東大経済学部は、日中戦争の進展につれて、教授間のあらわな闘争と、深厚であるべき学問研究の軽視と、ひいては諸ゼミナール相互の交流の消滅とが拡がり、私の学問的生涯にとって最も不幸な時期であった。これはとくに一橋大学と比較していえるように思う。平瀬巳之吉や内田義彦らの学生仲間とさえ私は相識らなかった。本位田ら「右翼」の教授たちはもとよりとして、自由主義者として著名だった河合榮治郎なども、その学殖の点では尊敬に値するものではなかった。矢内原忠雄や大内兵衛の講義は聴く機会を逸した（?）し、広い学会の情報もいちじるしく欠如していた。そういうなかで私が自力で勉強したのは、『資本論』（高畠訳を頼りにした）、日本資本主義論争（とくに山田盛太郎の『分析』）、ヘーゲルの『歴史哲学』、それにスミス（ただし『国富論』だけ）やリカードウ（主著）などにとどまる。経済学部での「原論」は、田辺忠男という、低級な教授に担われていたのであった。

しかしそれでも幸いなことに、本位田ゼミナールには大塚久雄・松田智雄・高橋幸八郎の三先輩が特別に出席していて、私はとくに大塚からしだいに学恩を受けることとなった。当時法政大教授だった大塚は、すでに近代資本主義の初動における農村工業の意義に着目し、他方でのM・ヴェーバー研究と相俟って独自の西欧歴史像を彫琢しつつあったから、本位田と学説的に対立してやがてゼミナールに出なくなるが、私は大塚の諸論文に示された、前期的資本対近代産業資本という理論的・歴史的認識――それはマルクス理解の深化でもあったが――に深く影響された。大塚のこういう初期の業績はほぼ私の学生期間に集中しており、戦時下の学問的清風と感じられたものである。彼の著書『欧州経済史序説』もこの時期（一九三八）に出たが、初期論文の体系的編成である『近代資本主義の系譜』の出版は敗戦の直後（一九四七）である。

ヴェーバーの「客観性」論文や「職業としての学問」の邦訳は、先人の仕事としてすでに三六年に岩波文庫にはいっているから、これらは感動して読んだ。大塚の「資本主義精神起源論に関する二つの立場――ヴェーバーとブレンターノ――」（一九三九）は彼の初期業績の一つである。その後私は梶山力訳の『プロテスタンティズムの倫理と資本主義の精神』（一九三九）をその再版（一九四〇）で読み、同年に福島高商の教員となって、梶山（四一年没）と短期間職場で交わることができた。

なお、学生時代に、私は青年講師大河内一男からFr・リストの『経済学の国民的体系』の講読を受け、講師の誠実さとテキストの迫力とをともにつよく感じた。リストと重商主義との経済思想的相似という感覚もそのおりに培われた。大河内の『スミスとリスト』は一九四三年の、また主題を形式的にこれと同じくする高島善哉の『経済社会学の根本問題――経済社会学者としてのスミスとリスト――』はこれに先立つ四一年の公刊（ただし前者も雑誌上では四一年以来の発表）であって、戦時下のマルクス主義の思想上の最後の砦となったスミス→近代市民的自由主義分析のこの二つの代表作は、それぞれが当時の公認の研究対象だったリストの研究を側壁として伴っていたところにも特徴がある。この両著でのスミス研究＝スミスの総体系へ向かう研究は戦後の学界に継受されて、周知のような隆盛に至るが、そのリスト研究は、高島にあっては意識的に脱落せしめられ、他方大作『独逸社会政策思想史』（一九三六）の著者でもあった大河内のばあいには、関心としては長く保持せられた。このリスト研究の領域は、一貫して敗戦直前から私によって、文献的視野の拡大と問題意識の転換とを経つつ新しい開拓を見るに至る。

なお、社会科学者の問題意識には、しばしば文学作品が影響を与える。私は旧制高校時代に深刻なドストエフスキー経験をもった。私が生涯マルクスを尊重しつつもマルクス主義の陣営に加わりえなかった——そうして労働価値説を信じえなかった——こと、ソヴィエト体制に疑念を抱きつづけたことは、この文学的経験に由るところが大きいであろう。

こうして私は歴史研究と学史研究との狭間から出立した。そうしていわゆる大塚史学に拠ってその外縁を広げ、おのずから日本のヴェーバー学にもついていったけれども、私によってプロテスタント的ヴェーバー像が主張されたことはない。

II

戦後の経済学史の学界において顕著な事実は、第一にはマルクス主義の支配であり、第二には経済学史学会の成立（一九五〇）であり、第三には広範な経済学上の諸原本の直接の利用であり、第四には当然のことながら、諸外国の学界との交流の拡大である。

私は一九四四年に一兵卒として南方に赴き、敗戦の翌年に帰還してリストの研究に集中したが、やがて仙台での某学会で彼の重要な論説「農地制度論」について報告した。そのおり学界のボスの一人だった山田勝次郎（農業経済学者！）から、「すでにマルクスが存在するのになぜリストなのか」と詰問されたことを忘れずにいる。だから学界のそういう風潮のなかで、久保田明光を初代の代表幹事とする経済学史学会が、久保田をふくむ六人の故老の発企によって成立し、以来活動を拡げてきたことは、重要な思想史的事象である。しかし学会は一つの自由な集会室であって、この学会も会員各人の交流をつうじて研究上の大きい便宜を生んだけれども、学会自体が時勢の影響下に特定のイデオロギー的色調を帯びることは避けがたい。端的にいえば、ベルリンの壁の崩壊に至るまでは、学史学会では、マルクス理論の勢力が大きく、スミス以下の古典学派研究の領域でもこの点は同様であった。大きい反響と影響とをもった、会員内田義彦の『経済学の生誕』(一九五三)も、スミスに思想史的新生命を与えつつもその経済理論的分析の面ではまったくマルクスに拠るものであった。なお、もっと広い学界のなかで目に立つ例として、内田・大野英二・住谷一彦・伊東光晴・平田清明編『経済学史』(一九七〇)は、その最終章にマルクスを置き、フィヒテからリストを経てヴェーバーに至る第三章と、マーシャル、ピグー、ケインズを対象とする第四章とをこれに先立てている。

学史学会におけるマルクスの優位は、一面ではいわゆる近代経済学への(戦時中からの)批判の意図を示すものであったが、その反面では、右の『経済学史』の編者(=執筆者)名が示すように、経済学内部の諸思想間の相互滲透と協力も、学史学会を基盤としてしだいに進行した。また他面、学史学会はそれに遅れて成立した、経済理論学会・社会思想史学会・日本一八世紀学会・マルサス学会等々に、多くの会員を供出したのであって、この事実の意義も軽視しがたいであろう。なおもとより、学史学会の内部での〔近代〕理論経済学者たちの存在意義もまた、しだいに重くなりつつある。近来スコットランド啓蒙の研究とともに隆盛を拡げつつある新段階のスミス研究が、ふたたびマルクスからの後退という特徴を一部に容れているとすれば、それへの評価には慎重を要する。

リストの前記「農地制度論」への私の着目は戦時中に生じたものであったが、私はそこでは当時端緒的に開始されていた、彼の『著作集』(3)(一九二七—三五)にもとづく板垣与一・松田智雄らの研究を一歩進めて、ドイツでも無視されているに近かったこの文献の発掘に恵まれた結果、そこからリストの全体系における農地改革と中欧帝国との構想を、ひいてはそこに示されるドイツ資本主義の歴史的特質と独自の矛盾とを明らかにするに至ったのであった。それは山田盛太郎や大塚から私の継受した史観に由るものであり、スミスにもとづく自由貿易論のイデオロギー性と戦ったリストの保護主義も、後者のこの体系的基礎の上に把握されている。それは『著作集』がドイツで生んだ「リスト復興」の問題意識を一歩越えるものであった。私のこういうリスト研究は、『F・リストの生産力論』(一九四八)[4]以来の諸著に示されているが、それらはわが国ではおもにドイツ経済史・同思想史研究の領域で着目されつづけ、それらの含むヴェーバー的視野もまたそこで継承されている。なお現在のドイツでは、EUの思想的父の一人というリストの一面だけが強調されているといえよう。[5]

私がドイツで一九六四年に『著作集』の編者その他とはじめて交流したとき、私の側での「農地制度論」の重視とそこでの nationalistisch な側面の指摘とは、ナチス支配から遠くないこの時期にあって、リストとリスト研究とを護ろうとする彼らの反発を受けた。また当時の東ドイツのリスト研究者との通信は、一部がベルリンで遮られたようである。しかし、やがて一九八九年のリスト生誕二〇〇年記念に当たっては、私はドイツで講演と研究発表とを求められ、東西両ドイツの新世代のリスト研究者たちのあいだで理解と好評とを得た。事態のこういう変化は、私の『東西リスト論争』(一九九〇)に詳述してある。そうして八九年の末には、ベルリンの壁が崩壊した。[6]

Ⅲ

スミスの前史、近代の経済学史の序章としての重商主義については、この語の濫用とその概念の混乱とがいちじるしい。しかし戦争末期以来、わが国の重商主義研究には大きい内発的進展が見られた。前記のように、大塚による「前期的資本」という概念の樹立は、マルクスへの理解を深化させ、いわゆる重商主義の内部におけるこの前期的資本と近代産業資本（マニュファクチュア）との対立・抗争、および後者の制覇→産業革命の開始というプロセスを、魅力的に描き出すことに成功していた。しかも『欧州経済史序説』以来定着した彼の歴史叙述にあっては、初期の産業資本が国民経済の内部における、特権の排除と自由競争とを希求し実現した事実を、イギリスに即して明らかにし、こうして、『国富論』を成立させた経済史的・経済学史的基盤がイギリス重商主義の成熟にあったという、新しい認識を研究者に与えた。

この認識に導かれて最初に成った新しい重商主義研究が、台湾の在日（当時）研究者張漢裕の「ブリオニズムとマンの貿易差額論」（一九四〇）であり、その後の一連の論文であるが、[7] 四二年に岩波文庫として出た張訳のトマス・マン『外国貿易によるイギリスの財宝』への長文の解説も、また有力な文献である。以来、わが国での重商主義にかんする学史的研究は、この、いわゆる大塚史学に依る重商主義理解をめぐる論争を伴いつつ、また高橋誠一郎が拓いた古文献研究の道をあらためて踏み直しつつ、進行することとなるが、そこにはさらに、新しい問題意識と分析視角とが加わるようになる。それはすなわち、ケインズの『一般理論』での重商主義理論の新評価――貨幣的理論による学史の書き替えの一端――が与えた影響である。

私は最初の学史的論文として拙い「重商主義の解釈に就いて」（一九四一）を書いたが、それは戦争末期の「あるかなしかになった学界」のなかで、リストへの関心を重商主義への関心につなぎ、大塚↓張の重商主義理解からつよい啓発を受けるとともに、ケインズやハイエクの学史的関心をも顧みるという、その後の私の重商主義研究の諸特徴が、いちおうながらすべて示されている。ただし古文献の直接の読解という必要条件は、まだ満たされていない。なお、ケインズと私とのここでの接触は、当時新進の理論経済学者だった熊谷尚夫との日常の交友によるものであったが、一九三九年刊の W. Dreissig, *Die Geld-und Kreditlehre der deutschen Merkantilismus* にはすでにケインズの影響が見られる。

私は戦後の自著『Fr・リスト研究』(一九五〇)の巻末に「リストと重商主義」という論説を収め、この著書でいったんリスト研究を休んで、あらためて重商主義の研究に専念した。すでに知られるように、この二つの主題は早くから私の関心のなかで結合していたものである。私はメンガー文庫に頼って重商主義の諸古典を読むとともに、自分なりに経済理論の勉強を進めて、重商主義に関するいくつもの綜合的・個別的研究を発表した。そうしてこの綜合的理解の面では、広範なこの領域の諸理論が「原始蓄積(期)の経済理論」として、独立生産者の措定・社会的エンジンであるインダストリの重視・貨幣的分析視角の保有、等々の諸特徴を共有するものだという、見解に到達した。しかしこういう理解のためには、マルクスの原始蓄積の概念を重商主義の側から検討し直すことが必要となり、それは例えば「先行的蓄積と原始的蓄積」(一九八八)に示されている。(私ははじめには、マニュファクチュア資本を基盤としやがて『国富論』のためにベッドを整える「固有の重商主義」という概念を立て、これを商業資本的重商主義という既成の概念と対立させていたが、これはヴェーバー→大塚からの直接の展開であり、やがてこの語を多用しなくなった。)

重商主義者についてのわが国での戦後の個別研究としては(8)、天川潤次郎(デフォー、一九六六)、田中敏弘(マンデヴィル、一九六六)、松川七郎(ペティ、増補版一九六七)、山下幸夫(デフォー、一九六八)、吉田啓一(ロー、一九六八)、三上隆三(マッシー、一九六九)、生越利昭(ロック、一九九一）等が続々と公刊され、やや綜合的な以下の諸研究者の労作がこれらに伴っている（一九五九—六九）。すなわち、渡辺源次郎、相見志郎、杉山忠平、加藤一夫、西村孝夫、山川義雄、飯塚一郎、等。なお、吉田静一の、コルベルティスム批判としてのフランス重商主義というユニークな主張を示す『フランス重商主義論』（一九六二）をこれらに加えるべきである。

こういう広範な重商主義研究は、一方では戦中までの、高橋誠一郎・竹内謙二（モンクレティアン研究）・高木暢哉（利子論史研究）等の仕事を継承するとともに、他方では重農主義やヒュームの研究（田中敏弘・坂本達哉等による彼の経済理論の分析）に連結してスミス研究にも重要な基盤を用意するものであった。そうして私の「ジョサイア・タッカー小論」（一九五四）〔『重商主義解体期の研究』（五五）に改題して収録〕も、前掲の諸著作に加えられうるものである。この論説の意義としてはつぎの諸点があげられるであろう。（１）論者はここでも、古文献の海の中からタッカーの『旅行者の指針』（一七五八）や『四論説』（一七七四）に遭遇し、その学史的意義をはじめて認識した。（２）これらの文献ではイングランドの初期産業革命の実情と意義とがいちはやく認識され、それを踏まえて自由貿易論とアメリカ放棄論とが、一方での保守的ウィッギズム・反ロック主義と結合しつつも、鮮明に主張されていることがわかる。この放棄論は『国富論』に先立つものであり、またのちの自由貿易帝国主義の早期的表現である。（３）後期のタッカーはすでに重商主義者ではないから、ほぼCh・キング止まりであった張の重商主義研究を承けてイギリス重商主義の峯々を縦走した私の諸個別研究の終章がここに成立した。（４）この論説はおのずから、『経済学の生誕』（一九五三）の著者内田義彦にそのスミス理解を守るための反論を促し、ここに水田洋のいわゆる内田・小林論争が生じた。ただしこの「論争」は、私の（後述の）ステュアート研究ともかかわって私の側での研究の深化を要求するものであり、他面J・ハリスやステュアートやタッカーらの諸古典のすべてを措いて経済学の生誕を説く内田の主張が私の方法とまったく隔っていたために、継続の意図を私に与えずに終わった。だが、私が自己の研究の総体がもつ、『国富論』の相対化という意図を自覚したのも、ステュアートやタッカーの研究以来のことのように思われる。(5)私と経済史研究とのかかわりは、前述のように私の学生時代からだったが、タッカーの研究ではとくにイギリス産業革命開始期の実情の認識に意を用い、「学史と経済史との間に試行錯誤的往反を予定するもの」という表現を『解体期』の跋でこれに与えている。(9)

なお、わが国の「アダム・スミスの会」(一九四九—)では、大河内一男の統括のもとに、翻訳事業として一九六六—八二年のあいだに『初期イギリス経済学古典選集』13巻の出版をおこない、重商主義にかかわる学界の要望に応えた。

Ⅳ

忘れられた古典の著者であったジェイムズ・ステュアートの研究は、イギリスではほぼ第二次大戦の直後からケインズ革命の一余波としてはじまったが、(10)わが国ではマルクス的立場の研究者をも加えて、一九五〇年ごろを起点としている(田添京二「ステュアート研究の動向について」〔一九五〇〕、小林「重商主義の貨幣理論」〔一九五〇〕)。以後、わが国でのこの研究分野の開拓は、学史上埋没して久しかったこのスコットランド人の体系を、さしあたりその巨編『経済の原理』に即して理解し、これを同時代(直後)の『国富論』と対比させつつ斯学の成立事情を検討し直すこと、ひいては従来維持されてきた学史叙述のパターンを改めようとする意図を育てること、をめざして進められたといえよう。ステュアートについての新しい研究は、西欧やアメリカの学界でも広く成果をあげ、それはヘーゲルへのステュアートの影響という問題領域にまで及んでいるが、わが国では、マルクス研究とケインズ研究との伝統の対立をふくみつつ、しだいに対象の認識を深めて、最後の重商主義者とされたステュアート像を、最初の経済学体系の創設者ステュアートの像に変えつつある。またこういうステュアート研究の成果は、現在ではヒュームやスミスの研究者の一部にも、ようやくステュアートへの関心を呼び起こしつつある（田中敏弘・田中正司・山崎怜等）。

私のステュアート研究は、前記の一九五〇年から現在にまで及び、したがって『経済の原理』についての述作もおのずから数多く、それらはみずからの『経済学史著作集』（11巻、一九七六―八九）の諸巻に分散して収められているが、こういう分散の理由は、私のステュアート研究が、一面では重商主義研究の終局段階として始められながら、他面では『経済の原理』の全面的否定者としての『国富論』をつねに意識し、したがってそれへの言及とそれとの対比とを自己の学史研究の種々の局面で避けがたかったからである。なお、グラースゴウのA・スキナーに水田洋と私とが協力して編纂した、『経済の原理』の variorum edition（4 vols.）は一九九八年にロンドンで出版されたし、中野正・加藤一夫のそれぞれによる、この大冊の第一―第二編の邦訳を先立てた、その第五編までの完訳も、小林昇監訳・竹本洋その他訳の上下二巻として、おなじく九八年に完成・公刊されるに至った。

わが国での数多くのステュアート研究のうち、単行本は七冊に達する。刊行順（論文発表順ではない）にその著者名をあげれば、川島信義、小林昇（一九七七、八八、九四）[11]、田添京二、竹本洋、大森郁夫である。これらのうち、一冊のなかに『経済の原理』の最も自由かつ完結的な把握を示すものは、竹本の『経済学体系の創成』（一九九五）であるといえようか。なお、渡辺邦博はステュアートの文献的研究と詳細な書誌とを提供している。[12]

なお、ステュアートにかんする私の諸研究のうちのごく一部は英文としても発表されており、それらには若干の反響がある。[13] またついでながら、一九八九年に私がテュービンゲンで読んだリスト論[14]も若干の注目を受けた。私は日本での学史・思想史の研究者たちが、自己の成果をもっと英語で発表することを切望する。マルクス研究の分野はいちおう別として、ここでスミス研究についてだけいえば、水田の広い国際的活動を別にして、内田の『生誕』はついに対決すべき国際的批判にさらされていないし、田中正司の渾身的研究への評価も、やはり国際的規模で求められるべきであろう。この点については、日本のヴェーバー学はやや進んでいるように思われる。

スミスの領域に到達したから、私は稿を閉じる。私のリストや重商主義やタッカーやステュアートの研究は、いずれも『国富論』を意識しまたそれにかかわるものであったが、みずからをスミス研究者と呼ぶことに私は躊躇を感じる。なぜなら、私はスミスの全体系についてはいまもって暗く、これを対象として論考を書いたことがないからである。自分のスミス研究のうちで一つだけあげるとすれば、『国富論体系の成立』（一九七三、増補版七七）であるが、これも未完の作というべきである。私はその生涯の労作をつうじて『国富論』の経済学史的位置を相対化しようと努めたということになり、その意味ではむしろ異端の研究者にとどまったというべきであろう。しかし、スミス→リカードウ、スミス→マルクスの理論的ないし思想的継受という線の固守は果たして十分に現代的であろうか。現代のいわゆるマルチメディアとグローバリゼイションと人間性の砂漠化との時代に、すなわちすべての人々が遠近を問わずほとんどまったくの見知らぬ他者となりつつある時代に、スミスの樹立した同感の理論はどこまで通用するものであろうか（付記）。

注

（1）Eli F. Heckscher (Stockholm), *Der Merkantilismus*, Übersetzt von Gerhard Mackenroth (Halle), 2Bde., Jena, 1932.
（2）Cf. L. Magnusson's Introduction to Heckscher's *Mercantilism*, 1994, p. xxiii.
（3）*Friedrich List. Schriften, Reden, Briefe*, 10 Bde.
（4）私の経済学史的著作と論文とのうち、一九八九年に至るまでのものは、後出の『小林昇経済学史著作集』（十一巻、未來社）に収めてある。また詳細な著作目録はその第九・第十一両巻で見ることができる。以下の本文での記載においては簡略を旨としたから、詳細にはこの目録を見られたい。
（5）E. Wendler, *Friedrich List. Politische Wirkungsgeschichte des Vordenkers der europäischen Integration*, 1989 以下の同人の諸著作を見よ。
（6）なお、私には「農地制度論」と『国民的体系』との邦訳がある。前掲の目録を見よ。
（7）張『イギリス重商主義研究』（一九五四）に、つぎの「解説」と一括して収録。
（8）以下に諸氏の著作の題名を省いてあるのは、もっぱらこの原稿の紙数の制限の指示に忠実であろうとしたためである。
（9）小林訳、J・ハリス『貨幣・鋳貨論』（本文後掲の『古典選集』第13巻）。
（10）第二次大戦後の内外のステュアート研究文献は、渡辺邦博によって作成されている（奈良産業大学『産業と経済』創立10周年記念論文集、一九九四年、同13の2、一九九八年）。
（11）『最初の経済学体系』（『著作集』以後の公刊）。
（12）なお、わが国の戦後のステュアート研究史については、経済学史学会編『経済学史――課題と展望――』、一九九二（九州大学出版会）における、渡辺邦博、竹本洋のそれぞれの論説を見よ。
（13）とくに、*James Steuart, Adam Smith and Friedrich List*, The Science Council of Japan, Tokyo, 1967；The First

System of Political Economy, in the Introduction of the variorum ed. of Steuart's *The Principles*, 1998, vol. I, pp. lxix-xciii.

(14) Friedrich Lists System der Sozialwissenschaft—von einem japanischen Forscher betrachtet, *Studien zur Entwicklung der ökonomischen Theorie* X, *Schriften des Vereins für Sozialpolitik*, Band 115/X, Berlin, 1990.

(補記) ステュアートについての最近の編著として、*Sir James Steuart et l'économie politique* (*Économies et Sociétés*), Paris, 1998 と *The Economics of James Steuart*, London and New York, 1999 とがある。これは一九九五年にグルノーブル郊外のヴィジールの城館で開かれたステュアート・カンファレンスの報告から成り、内容は両冊とも同一、編者は両者とも Ramón Tortajada である。これには私のペイパー 'On the Method of Sir James Steuart's *Principles of Political Oeconomy*' も収録されている。

あとがき

わたくしは戦中期からの研究歴が意外に長くなって、自分の『経済学史著作集』（一一巻、一九七六—八九年）の刊行を終えたのちにも、専門の領域での著書・監訳書・古典（J. Steuart）の校注版などを学界に提供することとなった。そのうえさらにその前後にも、短い残年という意識のなかで、おのずからいくつかの論文や回顧的文章を書きつづけている。——むろんこの後者は、現役の世代からの直接の要請に応じたものだが。

そこでこんど、未來社の社長西谷能英さんに頼んで、これらの長短の、みずから思いのほか批判的だと感ずる諸作物を一冊に編み、それを、久しいあいだわたくしの著作活動を支えてくれた同社から、学史のスタディとしては最後の本というつもりで、学界に送り出してもらうことにした。これはスタディそのものからのわたくしの離脱を公告するものではないが、『経済学史春秋』という本書の題名には、そういったいきさつをみずから顧みるという気持がふくまれている。

とはいえまたこの書名には、著者の特別に深い感慨が籠められているわけではない。長いあいだのわたくしの研究と執筆との生活の一貫した継続は、僥倖とともにあった反面、過ぎ去った年月をほとんど一瞬のように感じさせ、この感じが追憶の感傷を排除するのである。或る詩人の四行の諷刺詩の後半二行につぎの表現があって、わたくしはこのごろはじめてそれに接し、自分のこととして苦笑したのであった。
　不敏ゆえ長く学んで
　蒲柳ゆえ長生きしたとさ

二〇〇一年九月一日

小林　昇

初出一覧

アダム・スミスの「見えない手」について　『日本学士院紀要』第五〇巻第3号所載（一九九六年三月）

James Steuart, *An Inquiry into the Principles of Political Oeconomy* (1767) の variorum edition の刊行について　『日本学士院紀要』第五三巻第1号所載（一九九八年一〇月）

リチャード・カンティロンとジェイムズ・ステュアート　『日本学士院紀要』第五五巻第3号所載（二〇〇一年三月）

経済学・歴史・歴史主義　住谷一彦・八木紀一郎〔編〕『歴史学派の世界』（一九九八年一月、日本経済評論社）〔経済学史学会第六〇回全国大会（一九九六年一一月）の共通論題「歴史学派の世界」での開会講演〕

わたくしの経済学史研究——一つの回顧——　大東文化大学『経済論集』第50号所載（一九九〇年四月）

私の学問形成：戦中　住谷一彦・和田強〔編〕『歴史への視線――大塚史学とその時代』所載（一九九八年一〇月、日本経済評論社）

『国富論』の学史的位置の相対化――諸文献の発掘とともに――　『経済学史学会年報』第38号（〔特集〕「私の経済学史研究――二〇世紀の学史研究をふりかえって」）所載（二〇〇〇年一一月）

以上を本書に収録するに当たって、それぞれに若干の差はありながら、加筆と訂正とを加えた。

人名索引

A

B

C

G

H

I

J

K

L

M

N

O

P

Q

R

S

T

Y

●著者略歴

小林 昇（こばやし・のぼる）

1916年，京都市に生まれる。39年，東大経済学部卒業。55年，経済学博士。福島高商，福島大学教授を経て，1955年から立教大学教授，82年停年後，大東文化大学教授，90年定年退職。立教大学・福島大学名誉教授。

1989年までの著書・論文を『小林昇経済学史著作集』（11巻，未來社，76–89年）に集成。翻訳はFr. リスト『経済学の国民的体系』（岩波書店），同『農地制度論』（岩波文庫），J. ハリス『貨幣・鋳貨論』（東京大学出版会）等。編集書は『経済学史小辞典』（学生社），『経済学史』・同新版〔杉原四郎共編〕（有斐閣）等。『著作集』以後に『東西リスト論争』（みすず書房，1990年），『最初の経済学体系』（名古屋大学出版会，1994年），監訳（竹本洋ほか訳）J. ステュアート『経済の原理』（2巻，同上，93–98年），A. Skinner・水田洋と共編の校注版 J. Steuart, *An Inquiry into the Principles of Political Œconomy*（1767），4 vols., 1998, Londonがある。経済学史以外の領域の著作としては，『帰還兵の散歩』（未來社，1984年）その他。

1992年以後，日本学士院会員。

現住所　東京都練馬区大泉学園町1–17–19

経済学史春秋

発行――――二〇〇一年十一月十日　初版第一刷発行

定価――――（本体二四〇〇円＋税）

著　者――小林昇

発行者――西谷能英

発行所――株式会社　未來社

東京都文京区小石川三―七―二

振替〇〇一七〇―三―八七三八五

電話・(03) 3814-5521-4（営業部）048-450-0681/2

http://www.miraisha.co.jp/

Email: info@miraisha.co.jp

印刷――精興社

製本――富士製本

ISBN 4-624-32166-9 C0033

小林昇経済学史著作集（全11巻）

＊価格は本体価格です